DIPL. OEC. TROPH. ANNE IBURG

Die richtige Ernährung bei Leaky Gut

Heilsames Essen bei durchlässigem Darm

77 Rezepte, die die Darmbarriere stärken

humboldt

VORWORT

Liebe Leserinnen und Leser,

es ist noch gar nicht lange her, da war Darmgesundheit ein Tabuthema. Obwohl viele Menschen immer wieder unter Bauchweh, Verdauungsproblemen oder Blähungen litten, wurden diese Beschwerden in der Regel bei der Ärztin oder dem Arzt nicht angesprochen. Doch diese Scheu hat sich heute zum Glück gelegt.

Schon in der Antike vermutete der griechische Arzt Hippokrates, dass alle Erkrankungen ihre Ursache im Darm haben. Sowohl die Schulmedizin als auch ganzheitliche Heilmethoden der Komplementärmedizin sind sich inzwischen einig, dass der Darm und sein Mikrobiom – auch als Darmflora bekannt – eine entscheidende Rolle hinsichtlich der Gesundheit des Menschen spielen. Der Leaky Gut, die gestörte Darmbarriere, steht immer mehr im Fokus von Darmerkrankungen und Krankheiten generell.

Lange Zeit wurden die Funktionen unseres Verdauungstraktes geradezu sträflich unterschätzt und der Darm als simpler Gewebeschlauch angesehen. Inzwischen sind sich Mediziner und Medizinerinnen einig, dass der Darm nicht nur alleine der Nahrungsverwertung dient, sondern eine viel größere Rolle als bisher angenommen spielt. Er hat maßgeblichen Einfluss auf unsere Immunabwehr, unser Körpergewicht und sogar die Psyche.

In diesem Buch erfahren Sie, neben den medizinischen Fakten und therapeutischen Möglichkeiten beim Leaky Gut, sehr viel über Wege der Eigentherapie mit Pro- und Präbiotika, Heilpflanzen und insbesondere über eine darmgesunde Ernährung. Schwerpunkte sind dabei eine allgemeine Ernährung, die vorrangig auf pflanzliche Lebensmittel ausgerichtet ist, sowie die Betrachtung von Nahrungsmittelunverträglichkeiten wie Fruktose-, Laktose-, Gluten- oder Histaminunverträglichkeit.

In einem sind sich alle Experten und Expertinnen einig: Eine abwechslungsreiche Ernährung und ein gesunder Lebensstil, mit regelmäßiger Bewegung und ausreichend Entspannung im Alltag, sind entscheidend für die Linderung der durch den Leaky Gut ausgelösten Beschwerden.

Neben vielen allgemeinen Tipps und Tricks finden Sie für Ihre darmgesunde Ernährung auf den folgenden Seiten 77 Leaky-Gut-Rezepte mit einem hohen Anteil an pflanzlichen Lebensmitteln. Alle Rezepte habe ich für Sie in meiner Versuchsküche entwickelt. Probieren Sie aus, was Ihnen davon besonders guttut. Gehen Sie dabei immer achtsam mit sich um und beobachten Sie, nach welchen Gerichten und Lebensmitteln Sie sich besonders gut fühlen.

Aus meiner Praxis weiß ich, dass allein eine ausgewogene und darmfreundliche Ernährung nicht in allen Fällen den gewünschten durchschlagenden Erfolg bringt. Daher finden Sie in diesem Ratgeber auch eine kleine Hausapotheke mit naturheilkundlichen Maßnahmen und ganzheitlichen Methoden, die sich ergänzend bewährt haben.

Viel Spaß beim Lesen, Ausprobieren und Genießen der Rezepte wünscht Ihnen

Anne Iburg

LEAKY GUT: DAS SOLLTEN SIE WISSEN

Unser Darm beherbergt unzählige Mikroorganismen, die von Mensch zu Mensch in ihrer Zusammensetzung variieren. Sie unterstützen die Verdauung, bekämpfen Entzündungen und stimulieren das Immunsystem, damit Krankheitserreger keine Chance haben. Das Leaky-Gut-Syndrom beschreibt das Phänomen einer erhöhten Durchlässigkeit der Darmwand. Darauf lassen sich viele Erkrankungen zurückführen, die den Darm und den gesamten Organismus betreffen.

Der Darm – König unter den Organen

Das Leaky-Gut-Syndrom wird häufig verkürzt als Leaky Gut bezeichnet. Die deutsche Übersetzung lautet "durchlässiger Darm".

Das Leaky-Gut-Syndrom macht seit Längerem als mögliche Ursache für viele verschiedene Erkrankungen sowie auch als eigenständiges Krankheitsbild von sich reden. Die Schutzfunktion der Darmschleimhaut (siehe Seite 18) gegen Krankheitserreger und Toxine ist dabei empfindlich gestört. Bevor ich näher darauf eingehe, möchte ich Ihnen die allgemeine Bedeutung unseres Darms verständlich machen, denn er ist ein Organ der Superlative.

Als größte Grenzfläche zur Außenwelt hat er die beeindruckende Größe eines Fußballfeldes, also von rund 400 Quadratmetern. Darin beherbergen wir mehr Bakterienzellen als wir Körperzellen haben: 100 Billionen Bakterien innerhalb des Verdauungstraktes entscheiden jeden Tag über Gesundheit und Krankheit, unser Körpergewicht und sogar über unsere Laune oder Konzentrationsfähigkeit. Der Darm kann also sehr viel mehr als „nur" verdauen.

Vor allem in den letzten 20 Jahren hat die Darmforschung viele Erkenntnisse über das Darmmikrobiom gewonnen. Gemeint sind neben Bakterien auch Viren und Pilze – die Zusammensetzung ist bei jedem Menschen so individuell wie der persönliche Fingerabdruck. Inzwischen werden dafür die Begriffe Darmmikrobiota oder Darmmikrobiom zunehmend synonym verwendet. Oft ist auch noch der Begriff Darmflora geläufig.

Die Darmforschung hat herausgefunden, dass unser Darm mit über 100 Millionen Nervenzellen verknüpft ist.

Besonders spannend: Der Darm ist auch mit über 100 Millionen Nervenzellen verknüpft. Fachleute sprechen vom enterischen Nervensystem (ENS). Die früher nur vermutete Verknüpfung zwischen Darm und Gehirn, auch Darm-Hirn-Achse genannt, ist heute wissenschaftlich sicher bestätigt.

Das ENS stellt die größte Ansammlung von Nervenzellen außerhalb des Gehirns dar und befindet sich in der Darmwand unterhalb der Schleimhaut. Das heißt auch: Zwischen Darm und Gehirn findet stets ein reger Austausch statt. Dies erklärt, warum

Darmerkrankungen wie ein Leaky Gut in Zusammenhang mit der Gehirnfunktion und mit neurologischen oder psychiatrischen Erkrankungen stehen. Depressive Verstimmungen (siehe Seite 29) sind da nur eines von vielen Beispielen. Auch hinsichtlich Parkinson oder Alzheimerdemenz gilt ein kranker Darm als möglicher Risikofaktor.

Immer mehr Studien deuten darauf hin, dass im Darm die Ursachen für viele unterschiedliche Erkrankungen liegen. Mediziner und Naturwissenschaftlerinnen suchen nach immer neuen Beweisen für den Einfluss des Darms beziehungsweise des Darmmikrobioms auch auf Erkrankungen wie Diabetes, Leberleiden, Neurodermitis, Rheuma bis hin zu Herzinfarkt und Schlaganfall. Viele Autoimmunerkrankungen wie eine chronische Entzündung der Schilddrüse (Hashimoto-Thyreoiditis) oder Multiple Sklerose sollen ebenfalls ihre Ursache unter anderem im Darm haben.

Eines ist klar: Wir selbst können unseren Darm durch die richtige Ernährung sowie ausreichend Schlaf und Bewegung (mehr als 10.000 Schritte pro Tag) optimal unterstützen, damit es erst gar nicht zu Schäden des Darmmikrobioms kommt.

> Jeder Mensch beherbergt im Darm eine individuelle Zusammensetzung verschiedener Mikroorganismen – das Darmmikrobiom.

Verdauung: Weg der Nahrung

Schauen wir zunächst auf die Aufnahme und Verteilung von Nährstoffen durch den Darm, die für den Organismus und die verschiedenen Organsysteme notwendig sind. Wie bedeutsam diese Funktion ist, veranschaulicht auch der Umfang des menschlichen Verdauungsapparates, der einen großen Teil des Körpers einnimmt.

Der Verdauungsapparat beginnt im Mund, verläuft über die Speiseröhre, Magen, Dünndarm und Dickdarm bis hin zum After. Aufgenommene Nahrung wird auf dieser Reise in ihre einzelnen Bestandteile zerlegt, um in alle Bereiche des Organismus zu gelangen, Energie bereitzustellen oder als Baustoff zu dienen: Fette werden zu Fettsäuren und Glycerin zerlegt, Proteine in Aminosäuren und kurze Aminosäureketten, Kohlenhydrate in Stärke, Zweifachzucker und letztlich Einfachzucker.

Gut gekaut: Mund und Speiseröhre

Die Kohlenhydratverdauung beginnt bereits im Mund: Die Zähne zerkleinern zunächst mithilfe der Zunge die Nahrung. Es bildet sich Speichel, der die Nahrungsbestandteile breiiger und somit schluckfähig macht. Zudem werden durch den Speichel Verdauungsenzyme beigemischt.

Tipp: Gutes Kauen vergrößert die Oberfläche der zugeführten Nahrung, sodass die Verdauungsenzyme leichter und nachhaltiger wirken können.

Etwa 1,5 Liter Speichel produzieren unsere Speicheldrüsen pro Tag. Das enthaltene Enzym heißt Alpha-Amylase. Es spaltet bestimmte Bindungen, sodass aus dem Makromolekül Stärke kleinere Kohlenhydrateinheiten wie Maltose entstehen können. Die Amylase macht also verzehrte Kohlenhydrate überhaupt erst für den Körper verwertbar. Nachdem der Speisebrei die Speiseröhre passiert hat, gelangt er weiter in den Magen.

Der Verdauungsprozess

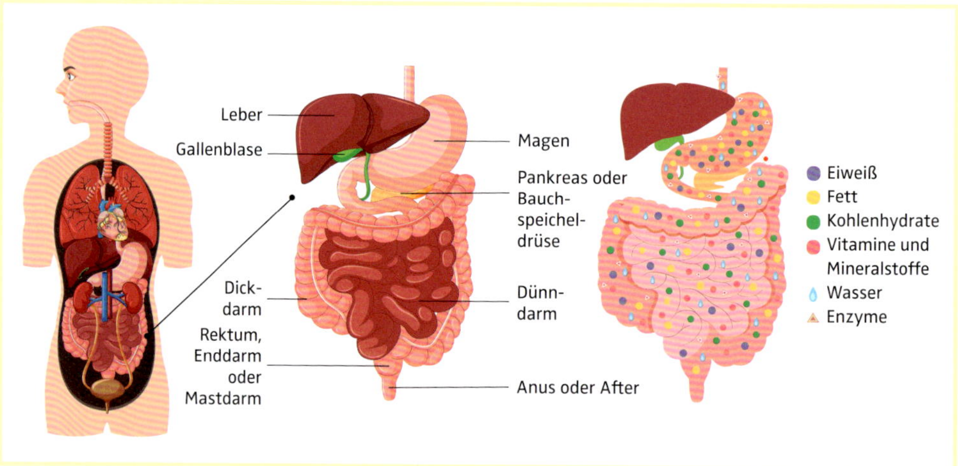

Gut vermischt: Magenpassage

Der Magen dient quasi als Auffangbehältnis. Durch seine Bewegungen (Peristaltik) vermengt sich der Speisebrei mit dem Magensaft, der von der Magenwand abgesondert wird: Zwei bis drei Liter werden täglich produziert.

Der Magensaft besteht im Wesentlichen aus Salzsäure, Schleim und Pepsinogen. Letzteres ist eine inaktive Vorstufe des Enzyms Pepsin, das Eiweiße (Proteine) in kleinere Einheiten, die Polypeptide, aufspaltet. Die Salzsäure des Magens hat mehrere Funktionen: Sie tötet auch mit den Lebensmitteln aufgenommene Giftstoffe und Bakterien ab, aktiviert das Pepsinogen und bricht die Eiweiße auf.

Wie lange Speisen im Magen bleiben, hängt dabei von unterschiedlichen Faktoren ab. Ein hoher Fettgehalt verlangsamt beispielsweise die Magenentleerung, während stark zerkleinerte, zuckerreiche und flüssige Lebensmittel den Magen schneller passieren. Durchschnittlich verweilt die Nahrung hier vier bis sechs Stunden.

> Die Nahrung verweilt durchschnittlich vier bis sechs Stunden im Magen.

Wichtig: Damit sich der Magen durch die gebildete Salzsäure nicht selbst angreift, wird er durch eine dicke Schicht zähen Schleims geschützt, der durch Schleimhautzellen produziert wird.

Gut zerlegt: Dünndarm

Danach geht die Reise weiter in den drei bis vier Meter langen Dünndarm. Er verläuft gewunden in sogenannten Darmschlingen und gliedert sich in den 30 Zentimeter langen Zwölffingerdarm, den Leerdarm und den Krummdarm. In den Zwölffingerdarm münden Ausführungsgänge der Bauchspeicheldrüse und der Gallenblase. Deren Sekrete sowie das eigens von den Dünndarmzellen produzierte Sekret werden benötigt, um den Speisebrei mit weiteren Enzymen sorgfältig zu durchmischen und bis ins Kleinste aufzuspalten.

Nur wenn die Hauptnährstoffe – Eiweiß, Fett, Kohlenhydrate sowie verschiedene Zucker – gut zerlegt sind, können die Bausteine auch optimal resorbiert, also über die Zellen der Darmschleimhaut aufgenommen und mit dem Blut dorthin transportiert werden, wo sie gerade am nötigsten sind.

Für die Fettverdauung und anschließende Aufnahme ist z. B. die von der Leber gebildete und in der Gallenblase gespeicherte Gallensäure unabdingbar. Damit die Resorption optimal funktionieren kann, besteht die innere Oberfläche des Dünndarms aus unzähligen Falten, Ausstülpungen und Millionen von Darmzotten. Ausgebreitet würde diese Struktur eine Oberfläche von mehreren Hundert Quadratmetern ergeben.

Die Dünndarmwand zeichnet sich durch unzählige Darmzotten aus, die man sich im Aufbau wie die Schlingen einer Badematte vorstellen kann.

Die Darmzotten bewegen sich aktiv, indem sie sich zusammenziehen und erschlaffen. Es entsteht eine Pumpsaugwirkung, die den Transport der Nährstoffe in das Blut und die Lymphe erleichtert. Alles, was im Dünndarm nicht verarbeitet werden kann, wandert schließlich weiter in den Dickdarm.

Gut besiedelt: Dickdarm

Etwa 0,5 bis 1,5 Liter Darminhalt gelangen jeden Tag in den Dickdarm. Auch er durchmischt die Reste des Nahrungsbreis und entzieht dem Brei Wasser. Auf diese Weise dickt der Stuhl ein. Parallel wird dem Darminhalt Schleim beigemengt, um den Kot gut gleitfähig zu machen. Im letzten Abschnitt des Dickdarms – dem Mastdarm – wird der Kot bis zu seiner Ausscheidung gelagert.

Übrigens: Weit verbreitet ist die Meinung, dass man täglich Stuhlgang haben muss. In der Realität ist dies nur bei 40 Prozent aller Menschen der Fall. Laut einer Studie, die im American Journal of Gastroenterology veröffentlicht wurde, haben 95,5 Prozent Stuhlgang nach der sogenannten Dreierregel: Stuhlgang sowohl dreimal täglich ist normal als auch dreimal wöchentlich.

Der Dickdarm gilt auch als der bakterienreichste Darmabschnitt. Hier leben vermutlich mehrere Hundert Bakterienarten zusammen. In Kilogramm ausgedrückt entspricht die Gesamtheit des Darmmikrobioms etwa 1,5 bis zwei Kilogramm, die dieses hochkomplexe Ökosystem ausmachen.

Darmbarriere: schützendes Dreigespann

Die Darmbarriere insgesamt besteht bei genauer Betrachtung aus drei Einheiten: neben dem Darmmikrobiom aus der Darmschleimhaut und dem Darmepithel mit dem Immunsystem des Darms. Diese drei Einheiten sind eng miteinander verbunden und arbeiten bei einem gesunden Darm reibungslos zusammen.

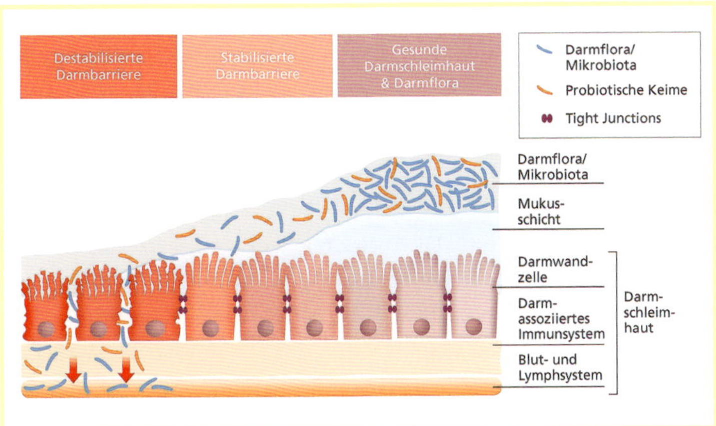

Aufbau der Darmbarriere

Beim Leaky Gut können bestimmte Strukturen innerhalb dieser Barriere jedoch offensichtlich nicht mehr zuverlässig arbeiten. Es handelt sich um wichtige Verschlusskontakte zwischen den Zellen der Darmschleimhaut. Diese speziellen Verbindungsproteine, die sogenannten Tight Junctions (engl. tight = fest, junction = Verbindung), arbeiten im gesunden Darm wie Schleusenwächter und lassen nur ausgewählte Substanzen in das Körperinnere passieren. Unerwünschte Stoffe wie Giftstoffe, Allergene, Erreger oder unverdaute Nahrungsbestandteile dürfen die Darmbarriere nicht passieren. Dafür werden die Tight Junctions u. a. über unser Nervensystem gesteuert. Insbesondere für lebensnotwendige Nahrungsbestandteile und Wasser sind sie selektiv durchlässig.

Das Leaky Gut Syndrom ist als eigenes Krankheitsbild bislang nicht einheitlich definiert.

Auch wenn das Phänomen der Tight Junctions wissenschaftlich intensiv erforscht wird, ist es dennoch wichtig zu wissen, dass das Leaky Gut als eigenes Krankheitsbild beziehungsweise das Leaky Gut Syndrom bisher nicht einheitlich definiert beziehungsweise akzeptiert ist.

Auch gibt es keine Klassifikation der Symptome in der internationalen statistischen Klassifikation der Krankheiten und verwandter Gesundheitsprobleme (ICD 10).

Im klinischen Alltag ist es zudem oft schwierig nachzuweisen, ob tatsächlich defekte Tight Junctions für die Beschwerden der Patienten und Patientinnen verantwortlich sind. Um zu überprüfen, ob die Schleusenwächter möglicherweise nicht richtig schließen, kann im Stuhl z. B. das Calprotectin, ein körpereigenes Eiweiß, untersucht werden (siehe Seite 36).

Komplexe Aufgaben: Darmmikrobiom

In unzähligen Studien arbeiten Forscher und Wissenschaftlerinnen vor allem daran, die direkten Zusammenhänge zwischen dem menschlichen Darmmikrobiom als wichtige Einheit der Darmbarriere und weitverbreiteten Zivilisationsleiden zu erforschen. Einfach ist diese Spurensuche nicht, denn bei rund 100 Billionen Bakterien im Darm und einer extrem großen Vielfalt an verschiedenen Bakterienstämmen und Arten lässt sich bisher noch kein eindeutiges System erkennen.

Das Mikrobiom des Darms ist ein sehr komplexes System aus Kleinstlebewesen – vor allem guten, aber auch schädlichen Bakterien. Im gesunden Darm liegen diese Mikroorganismen in einer ausgeglichenen Balance vor. Man könnte auch sagen: Wir leben mit ihnen in einem symbiotischen Gleichgewicht – und genau das ist notwendig, um gesund leben und bleiben zu können.

Die genetische Information der Darmbakterien ist sogar hundertmal höher als der genetische menschliche Code. Das bedeutet: Diese vielfältige Lebensgemeinschaft umfasst zehn- bis hundertmal mehr Gene, als im gesamten menschlichen Erbgut vorhanden sind(!). Dieser große genetische Pool weist auf die weitreichenden Funktionen des Darmmikrobioms hin beziehungsweise auf die Tragweite, die sein durch den Lebensstil geprägter Zustand für Vitalität und Wohlbefinden hat.

Darmbakterien haben viele Aufgaben

- Sie unterstützen die Verdauung und fördern die Darmperistaltik.
- Sie bilden kurzkettige Fettsäuren (z. B. Buttersäure), die als Energiequelle der Darmschleimhautzellen dienen.
- Sie bekämpfen Entzündungen und schützen die Darmschleimhaut.
- Sie stimulieren das darmassoziierte Immunsystem, verdrängen Krankheitserreger und schützen uns vor Krankheiten.
- Sie produzieren verschiedene Vitamine (B1, B2, Niacin, B6, Pantothensäure, Biotin und B12 sowie Vitamin K), die sie jeweils auch für ihren eigenen Stoffwechsel brauchen.

Die bekanntesten Darmbakterien sehen Sie in der Tabelle auf Seite 16, geläufig ist Ihnen wahrscheinlich der Escherichia coli – ein natürlich vorkommender Keim, der sich normalerweise in jedem menschlichen Darm tummelt. Escherichia coli, oft einfach als Kolibakterien bezeichnet, haben durchaus wichtige Aufgaben, z. B. bei der Nährstoffaufnahme oder der Produktion von Vitamin K, das für den Knochenstoffwechsel und die Blutgerinnung eine wichtige Rolle spielt.

Das Darmmikrobiom hat mehr Einfluss auf unsere Gesundheit als bisher angenommen.

Einige wichtige Bakterienarten des Darmmikrobioms

BAKTERIENSTAMM	GATTUNGEN	ARTEN
Firmicutes (ca. 50 Prozent aller Darmbakterien)	Clostridien Laktobazillen (Milchsäurebakterien) Eubakterien Faecalibakterien Ruminokokken Roseburia intestinalis Enterokokken Streptokokken Staphylokokken	Clostridium difficile Clostridium clostridioforme Lactobacillus casei Lactobacillus reuteri Eubacterium rectale Faecalibacterium prausnitzii
Bacteroidetes (ca. 40 Prozent aller Darmbakterien)	Bacteroides Prevotella Alistipes	Bacteroides uniformis Bacteroides fragilis Bacteroides ruminicola Bacteroides vulgatus
Actinobakterien	Bifidobakterien	Bifidobacterium animalis Bifidobacterium adolescentis Bifidobacterium bifidum Bifidobacterium breve Bifidobacterium infantis Bifidobacterium longum
Proteobakterien	Escherichia Enterobacter Proteus	Escherichia coli Proteus mirabilis
Verrucomikrobien	Akkermansia	Akkermansia muciniphila

Bestimmte Kolibakterien können dagegen schwerwiegende Erkrankungen bei Mensch und Tier hervorrufen. Selbst innerhalb einer einzelnen Bakterienfamilie muss also im Einzelfall genau differenziert werden, da sowohl gesundheitsfördernde als auch krank machende Varianten vorkommen können. Grundsätzlich gilt: Einer bestimmten Bakteriengattung werden verschiedene Arten untergeordnet, die miteinander über ähnliche Merkmale verfügen.

Der menschliche Darm ist vor der Geburt völlig keimfrei. Doch schon während des natürlichen Geburtsvorgangs und unmittelbar nach der Geburt erfolgt in Windeseile die Besiedlung des Darms mit den viel zitierten „guten" sowie „schlechten" Bakterien. Beim Neugeborenen ist die Vielfalt noch eher gering; mit dem ersten Lebensjahr ist die Bildung des Mikrobioms dann weitgehend abgeschlossen und unterliegt kaum Schwankungen.

Der menschliche Darm ist vor der Geburt absolut keimfrei, sofort danach erfolgt seine Besiedelung.

Das Darmmikrobiom bei Erwachsenen beinhaltet vor allem die beiden dominierenden Bakterienstämme Firmicutes und Bacteroidetes. Verschiebungen der Bakterienbalance innerhalb des Darmmikrobioms in einen ungünstigen Bereich sind möglich. Mediziner und Medizinerinnen sprechen dann von einer Dysbiose. Zu den Verursachern zählen neben einer unausgewogenen Ernährung und zu wenig Bewegung auch Schlafmangel, sehr hohe Hygienestandards beziehungsweise übertriebene Hygiene, aber vor allem auch die Einnahme von Antibiotika.

Eine Antibiotikaeinnahme von nur sieben Tagen (z. B. bei einem bakteriellen Infekt) kann wichtige Darmbakterien stark reduzieren, das sensible System des Mikrobioms wird angegriffen. Um den Schaden möglichst kleinzuhalten, sollten Sie z. B. noch stärker darauf achten, täglich Sauermilchprodukte, viel Gemüse und Vollkorn zu essen, um das Darmmikrobiom wieder zu stärken.

Darmmikrobiom, Darmschleimhaut und das darmassoziierte Immunsystem arbeiten eng zusammen.

Schutz: Darmschleimhaut

Die zweite Einheit der Darmbarriere ist die Darmschleimhaut (Darmmukosa). Diese innere Auskleidung des Darmes stellt eine unlösliche schleimige Schicht dar, die verschiedenste Zelltypen enthält. Sie schützt den Darm vor chemischen, enzymatischen und mechanischen Einwirkungen. Nicht zuletzt schützt sie vor unerwünschten Eindringlingen aus der Nahrung und der Umwelt. Eine gesunde Darmschleimhaut ist deshalb immer komplett mit einer dicken Schleimschicht überzogen.

In der Darmschleimhaut sind aber auch Drüsen eingebettet, die Darmsaft bilden und bestimmte Enzyme zur Aufspaltung der Nahrung abgeben. Ferner finden sich Zellen zur Aufnahme der aufbereiteten Nährstoffe aus dem Darm ins Blut.

Die Darmschleimhaut ist das tragende Fundament der Darmbarriere: Nützliche Darmbakterien regen immer wieder zur Regeneration der Schleimhaut an und halten sie auf diese Weise stabil und gesund.

Übrigens: Unsere Darmschleimhautzellen werden innerhalb von jeweils drei Tagen vollständig erneuert. Diese Selbstregeneration kostet natürlich viel Energie: Dafür werden mithilfe bestimmter Darmbakterien aus löslichen Ballaststoffen kurzkettige Fettsäuren wie die Buttersäure (Butyrat) gebildet. Butyrat hat zusätzlich eine antientzündliche Wirkung.

Abwehr: Darmassoziiertes Immunsystem (GALT)

Unter der schützenden Darmschleimhaut sitzt wiederum das darmassoziierte Immunsystem in den Epithelzellen (engl. gut associated lymphoid tissue, GALT), die dritte Einheit der Darmbarriere. Das Immunsystem des Körpers sowie speziell des Darms entwickelt sich parallel zur Darmbesiedelung im ersten Lebensjahr.

Aufgabe des darmassoziierten Immunsystems ist es, zwischen krank machenden Erregern und gesundheitsfördernden Mikroorganismen – praktisch zwischen Feind und Freund – zu unterscheiden. Mediziner und Medizinerinnen sprechen in diesem Zusammenhang auch von einer Toleranzentwicklung gegenüber den eigenen, gesunden Mikroorganismen im Darm.

70 Prozent aller Immunzellen sind in den Darmepithelzellen (Enterozyten) zuhause. Hier befinden sich winzige Lymphknoten, in denen die Lymphozyten heranreifen. Es handelt sich dabei um spezialisierte Abwehrzellen. Erkennen diese Abwehrzellen feindliche Erreger, bilden sie große Mengen an Antikörpern – Abwehrstoffe des Immunsystems, die auch Immunglobuline genannt werden. Eine spezifische Immunantwort wird ausgelöst.

Über das Lymphsystem gelangen die gebildeten Antikörper an jeden Ort des Organismus. Diese Abwehrzellen speichern sogar Informationen über feindliche Erreger, um später bei einem erneuten Angriff noch schneller reagieren zu können. Experten und Forscherinnen sprechen auch von einem immunologischen Gedächtnis, das uns auf diese Weise vor wiederkehrenden Neuinfektionen schützt.

Spezifische Abwehr Das spezifische Abwehrsystem wird über die beschriebenen Lymphknoten des Darms geregelt. Einer der wichtigsten Antikörper des darmassoziierten Immunsystems ist das Immunglobulin A (IgA). Es handelt sich um einen Antikörper, der etwa 15 Prozent aller Immunglobuline im menschlichen Körper ausmacht. Er ist vor allem für die Abwehr von Erregern an Schleimhautoberflächen zuständig. Ein niedriger IgA-Wert ist häufig angeboren und bei Menschen mit Autoimmunerkrankungen, Asthma, Neurodermitis oder einer Überempfindlichkeit auf Lebensmittel zu finden.

> Einer der wichtigsten Antikörper des darmassoziierten Immunsystems ist das Immunglobulin A (IgA).

Bei einem Leaky Gut ist das spezifische Abwehrsystem ebenfalls meist in einer Art Daueralarmbereitschaft und hat in der Regel sehr viele Fremdstoffe abzuwehren. Bei Bedarf setzen die

Lymphozyten zusätzlich Entzündungsbotenstoffe frei, die ihrerseits weitere Immunzellen aktivieren.

Zum spezifischen Abwehrsystem gehören zudem die Peyer-plaques, ebenfalls lymphknotenartige Strukturen, die als Lagerstätte für spezifische Immunglobuline dienen. Auch die M-Zellen sind noch zu nennen. Diese sind eine Art Spähtrupp und erkennen früh, wenn falsche Stoffe und krank machende Bakterien und Viren im Darm unterwegs sind.

Unspezifische Abwehr Für die unspezifische Abwehr sind die Panethzellen zuständig. Sie kommen fast ausschließlich im Dünndarm vor, wobei ihre Anzahl von der Bakteriendichte des Darms abhängt. Das bedeutet auch: Im unteren Dünndarm sind sie besonders zahlreich vorhanden und produzieren eine Substanz, die Defensine heißt. Es handelt sich dabei um antimikrobielle Peptide, die jeweils aus etwa 30 bis 50 Aminosäuren bestehen. Sie können es sich so vorstellen, dass damit unser Körper quasi permanent eigene Antibiotika produziert und vorrätig hält.

Weitere Substanzen unserer körpereigenen unspezifischen Immunabwehr sind auch die Lysozyme und die Laktoferrine, sie können ebenfalls krank machende Erreger abtöten. Beim Leaky Gut wird aktuell diskutiert, ob zu wenige dieser speziellen Panethzellen fleißig Abwehrstoffe produzieren oder diese womöglich nicht mehr ihre volle Funktion ausüben können.

Ursachen für den durchlässigen Darm

Durch die gesunde Darmbarriere gelangen giftige Stoffwechselprodukte oder Fremdstoffe nicht in den Organismus.

Dank einer gesunden und funktionsfähigen Darmbarriere gelangen giftige Stoffwechselprodukte, unverdauliche Nahrungsbestandteile oder Fremdstoffe wie krank machende Keime erst gar nicht in den Organismus. Infektionen, Allergien oder auch Autoimmunreaktionen wird so vorgesorgt.

Beim Leaky Gut funktioniert das Dreigespann aus Darmmikrobiom, Darmschleimhaut und darmassoziiertem Immunsystem (GALT) nicht mehr optimal. Über die enorm große Oberfläche des Dünndarms werden neben gewünschten Nährstoffen und Wasser auch unerwünschte Stoffe aufgenommen, z. B. unverdaute, zu große Nahrungsbestandteile. Daraus resultieren entzündliche Prozesse, die man sich wie viele kleine Mikroentzündungen im Körper vorstellen kann. Auch das Immunsystem ist infolgedessen völlig überfordert. Es reagiert mit weiteren entzündlichen und allergischen Prozessen. Ein Teufelskreis entsteht.

Ein ungesunder Lebensstil gilt als eine Hauptursache für die erhöhte Permeabilität beziehungsweise Durchlässigkeit des Darms beim Leaky Gut. Durch den unkontrollierten Stofftransport, bei dem auch Fremd- und Giftstoffe in den Blutkreislauf gelangen, können überall im Körper verheerende Schäden angerichtet werden.

Links eine funktionstüchtige Darmbarriere, rechts eine löchrige

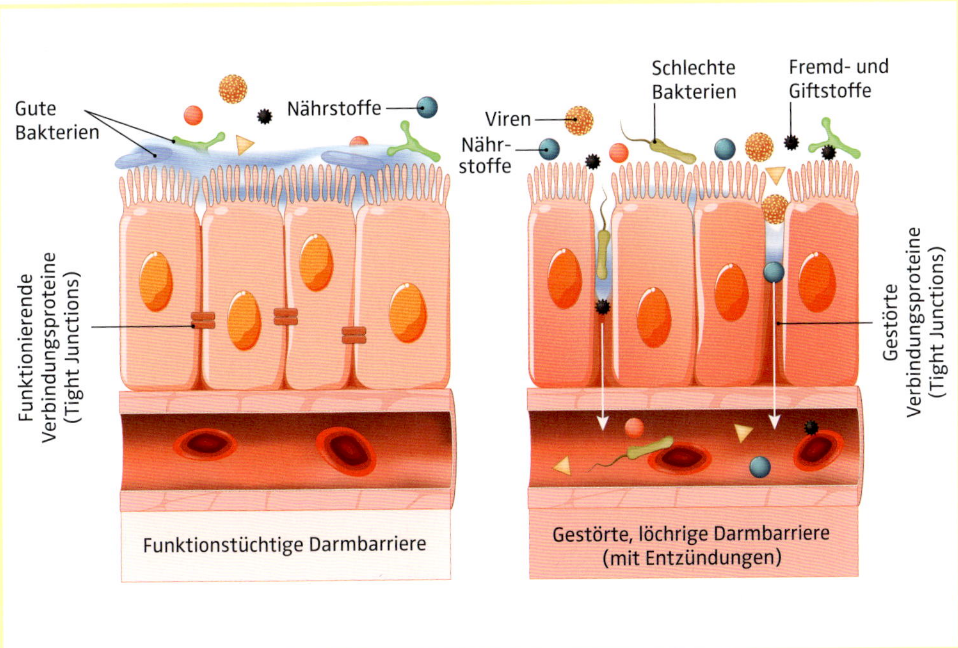

Das Leaky-Gut-Syndrom

Eine unausgewogene Ernährung plus mangelnde Bewegung und Stress führen zu Schäden des Darmmikrobioms und der Darmschleimhaut.

Vor allem eine unausgewogene Ernährung mit einem übermäßigen Konsum von Zucker, Transfettsäuren sowie Alkohol und Kaffee, gepaart mit Stress und einem hektischen Alltag sowie fehlender Bewegung, führt zu Schäden des Darmmikrobioms und der Darmschleimhaut.

Insbesondere kann sich auch eine zu geringe Ballaststoffaufnahme negativ auswirken. Langfristig werden dadurch die Abwehrkräfte geschwächt, das Risiko für verschiedene Erkrankungen erhöht sich.

Wissenschaftlich belegt ist, dass auch unsere Gene, das Lebensalter, die Art unserer Geburt – beispielsweise vaginal oder per Kaiserschnitt – und die Frage, ob wir gestillt worden sind oder nicht, einen großen Einfluss auf unseren Darm haben.

Klar ist: Gerät die feine Balance des Darmmikrobioms dauerhaft in Schieflage, wird das ausgeklügelte System der gesamten Darmbarriere mit ihren drei Funktionseinheiten insbesondere durch zunehmende Stoffwechselstörungen und chronische Entzündungsprozesse in Mitleidenschaft gezogen. Langfristig belastet das auch andere Organe wie beispielsweise die Leber.

Mögliche Ursachen eines Leaky Gut

- Falsche Ernährung (z. B. zu viel Zucker, Mangel an Ballaststoffen)
- Giftstoffe (z. B. Nikotin, Alkohol)
- Medikamenteneinnahme (vor allem Antibiotika, Kortison, Schmerzmittel wie Ibuprofen oder Diclofenac)
- Bewegungsmangel
- Ein- und Durchschlafstörungen
- Stress
- Übertriebene Hygiene
- Umwelteinflüsse (z. B. Infektionen)

Gleiches gilt bei längerer oder wiederholter Antibiotikaeinnahme, da die Wirkstoffe die Funktion des normalen Darmmikrobioms beeinflussen und eine Überwucherung mit pathogenen Mikroorganismen provozieren können. Dies kann sich durch anhaltende Beschwerden äußern, obwohl z. B. der Magen-Darm-Infekt eigentlich längst ausgestanden schien.

Da jedoch die Darmbarriere durch die Medikamentenzufuhr gestört ist, ist auch das Risiko, an einer erneuten Infektion durch Viren, Bakterien, Pilze und Parasiten zu erkranken, deutlich erhöht. Antibiotika sollten daher immer in enger Abstimmung mit den behandelnden Ärzten und Ärztinnen sinnvoll eingesetzt werden.

Zudem ist nicht nur die direkte Medikamenteneinnahme zu beachten, sondern auch die indirekte Zufuhr von Antibiotika beispielsweise über Fleisch aus der Massentierhaltung. Studien belegen, dass in der Schweine- und Geflügelhaltung verabreichte Antibiotika über die Nahrungskette bei uns Menschen zu einer Antibiotikaresistenz führen können. Erreger sind dann unempfindlich gegenüber antibiotischen Wirkstoffen und übliche Medikamente wirken nicht mehr.

Ich sehe es so: Bei einem durchschnittlichen Jahresverzehr von 60 Kilogramm Fleisch pro Kopf in Deutschland schaden die in Schweine-, Hühner- oder Putenfleisch aus der Massentierhaltung enthaltenen Antibiotika sicherlich auch unserer Darmschleimhaut, auch wenn es hierzu keine gesicherten wissenschaftlichen Studien gibt.

Typische Beschwerden und Folgeerkrankungen

Viele Fragen sind noch offen und es fehlen fundierte Studienbelege und Untersuchungen, die aber künftig sicherlich zu erwarten sind. In der Komplementärmedizin erfahren das Leaky-Gut-Syndrom und die mit ihm in Verbindung stehenden Entzündungen und Erkrankungen bereits eine große Anerkennung.

Viele Experten, Heilpraktiker und Therapeutinnen sind davon überzeugt, dass die Symptomatik eines Leaky Gut sehr vielseitig und diffus sein kann. Ebenso individuell und ganzheitlich sollte demnach auch eine entsprechende Behandlung aussehen.

Ein nicht behandeltes Leaky-Gut-Syndrom kann zu ernsthaften Beschwerden und Folgeerkrankungen führen.

Durch den unkontrollierten Einstrom unerwünschter Stoffe in den Blutkreislauf ist nicht nur der Darm von den Folgen betroffen, sondern das ganze Immunsystem und die Gesamtheit aller Organe einschließlich der Haut und des Gehirns. Da einige der folgenden Beschwerden und Folgeerkrankungen nicht unmittelbar mit einer gestörten Darmbarriere in Verbindung gebracht werden, kommen viele Menschen jedoch meist gar nicht auf die Idee, ihren Darm untersuchen zu lassen.

Hashimoto-Thyreoiditis

Wenn im Darm gebildete Abwehrstoffe wie Antigene und Antikörper unkontrolliert in den Blutkreislauf gelangen und sich an entferntes Gewebe anlagern, kann dies zu einer Autoimmunreaktion führen. Darunter ist eine Fehlsteuerung des Immunsystems zu verstehen, bei der körpereigene Strukturen – Zellen und Organe – angegriffen werden. Bei der Hashimoto-Thyreoiditis ist die Schilddrüse aufgrund einer solchen Autoimmunreaktion chronisch entzündet.

Man geht also davon aus, dass sich der im Darm ursächliche Entzündungsprozess – beispielsweise aufgrund eines Leaky Gut – auf Schilddrüsengewebe verlagert hat. Auf Dauer zerstört die Entzündung das Gewebe. Dadurch werden kurzfristig zunächst große Mengen der Schilddrüsenhormone T3 und T4 freigesetzt. Langfristig kehrt sich dieser Effekt jedoch ins Gegenteil um und die beschädigte Schilddrüse produziert nicht mehr ausreichend Hormone. Tatsächlich ist die Hashimoto-Thyreoiditis die häufigste Ursache einer Schilddrüsenunterfunktion. Im Jahr 2020 wurden wissenschaftliche Ergebnisse einer Pilotstudie aus Istanbul veröffentlicht, die den Zusammenhang zwischen einer gestörten Darmbarriere und einer Hashimoto-Thyreoiditis aufzeigen. Im Blut der Studienteilnehmer wurden erhöhte Werte des Proteins Zonulin (siehe Seite 32) gefunden.

> Wissenschaftliche Ergebnisse zeigen den Zusammenhang zwischen einer gestörten Darmbarriere und einer Hashimoto-Thyreoiditis.

Adipositas und Diabetes mellitus

Als Ursache für Übergewicht und Adipositas wird oft eine übermäßige Kalorienzufuhr bei gleichzeitigem Bewegungsmangel angeführt. Dies trifft in den meisten Fällen auch zu, ist jedoch nicht immer die alleinige Ursache für die Gewichtszunahme. Eine Fehlbesiedlung des Darms kann Mitauslöser von Übergewicht und auch einer Fettleber sein.

In Studien wurde beobachtet, dass sogenannte Lipopolysaccharide (LPS) im Körper Entzündungen und auch eine Diabeteserkrankung mit auslösen können. Die Stoffe werden von Bakterien produziert und gelangen offenbar leichter in den Körper, wenn die Darmbarriere geschädigt ist.

Belgische Wissenschaftler machten eine interessante Beobachtung bei Mäusen hinsichtlich des Darmbakteriums Akkermansia muciniphila, das auch im gesunden menschlichen Darmmikrobiom vorkommt. Das Forscherteam entdeckte, dass diese Bakterien in fettleibigen Mäusen seltener vorkamen. Schlanke Mäuse hingegen hatten mehr Akkermansia muciniphila im Darm. Verabreichte man den dicken Mäusen diese guten Bakterien, entwickelten die Tiere keinen Diabetes.

Die Wissenschaftler nehmen an, dass dieser Keim eine Art Wächterfunktion im Darm hat, die offensichtlich nicht unwesentlich ist: Akkermansia muciniphila kommuniziert mit den anderen Bakterien des Darms, regt die Regeneration der Darmschleimhaut an und beeinflusst über diese Mechanismen die Durchlässigkeit der Darmwand.

Nahrungsmittelunverträglichkeiten

Nahrungsmittelunverträglichkeiten sind ebenfalls häufig Folge einer Kaskade chronischer Entzündungsprozesse im Darm bis hin zum Leaky Gut. Ist der Darm durchlässig, löst das den vermehrten Übertritt auch von unverdauten (immunogenen) Nahrungsmittelbestandteilen in den Körper aus. Dies kann bei einer bereits bestehenden Sensibilisierung gegenüber bestimmten Nahrungsmitteln zu einer Nahrungsmittelallergie oder -unverträglichkeit führen.

> Durchdringen unverdaute Nahrungsmittelbestandteile die Darmbarriere, kann dies zu Nahrungsmittelunverträglichkeiten führen.

Hierzu ein Beispiel: In den Darmzellen werden bestimmte Enzyme produziert, wie Diaminooxidase (kann Histamin abbauen) und Laktase (kann den Milchzucker Laktose abbauen). Bei einer entzündlich veränderten Darmschleimhaut mit Leaky Gut kann es zu einer verminderten Synthese dieser essenziellen Enzyme und infolgedessen zu einer Laktose- (siehe Seite 55) sowie einer Histaminunverträglichkeit (siehe Seite 67) kommen.

Reizdarmsyndrom

Die Ursachen dieses Krankheitsbildes sind bis heute nicht vollständig klar. Einen Erklärungsansatz liefert das Leaky Gut beziehungsweise eine erhöhte Darmdurchlässigkeit. Aber auch eine erhöhte Empfindlichkeit der im Darm endenden Nerven beziehungsweise eine erhöhte Erregbarkeit der Darm-Hirn-Achse werden diskutiert.

Der Reizdarm ist eine häufige funktionelle Erkrankung mit auf den Dünn- und besonders Dickdarm bezogenen Beschwerden. Die Sicherung der Diagnose erfolgt, indem andere mögliche Erkrankungen, wie beispielsweise eine Nahrungsmittelunverträglichkeit, zunächst ausgeschlossen werden. Zu der typischen Symptomkonstellation beim Reizdarm gehören diffuse Bauchschmerzen, Blähungen und Veränderungen des Stuhlganges.

Chronisch entzündliche Darmerkrankungen

Zu den chronisch entzündlichen Darmerkrankungen werden Morbus Crohn und Colitis ulcerosa zusammengefasst. Die gemeinsame Symptomatik umfasst Durchfälle, Blutabgänge aus dem Darm sowie Bauchschmerzen. Bei beiden Darmerkrankungen läuft die Immunabwehr des Magen-Darm-Traktes aus dem Ruder. Dabei ist die sogenannte gastrointestinale Barriere, die eigentlich das Eindringen von Krankheitserregern in den Körper verhindern soll, defekt.

Es kommt zu überschießenden Entzündungsreaktionen gegen eigentlich harmlose Stoffe, die die Darmschleimhaut schädigen. Wissenschaftlich diskutiert wird, inwieweit ein frühzeitig erkanntes und behandeltes Leaky Gut den Ausbruch von chronischen entzündlichen Darmerkrankungen hinauszögern kann.

Lebererkrankungen

Auch mit der Leber steht der Darm anatomisch wie funktionell in einem engen Zusammenhang. Erhöhte Leberwerte sind daher bei Magendarmerkrankungen keine Seltenheit. Viele wissenschaftliche Untersuchungen und Publikationen beschäftigen sich mit der vermehrten Belastung der Leber durch Darmerkrankungen und einen Leaky Gut. Inzwischen sind Zusammenhänge mit einer nichtalkoholischen Fettleber bis hin zu einer Leberzirrhose beschrieben worden.

> Der Darm steht mit der Leber anatomisch wie funktionell in engem Zusammenhang.

Wenn mehr als fünf Prozent der Leberzellen Fett eingelagert haben, spricht man von einer Fettleber. Sind die Ursache hierfür weder Medikamente noch Drogen, Alkohol oder eine Virusinfektion, sondern eine meist zuckerlastige, hochkalorische Ernährung, spricht man von der nichtalkoholischen Fettleber (engl. nonalcoholic fatty liver, NAFL). Etwa 30 Prozent der europäischen Bevölkerung sind davon betroffen.

Bei der Leberzirrhose handelt es sich um Entzündungen der Leber als Folgeerscheinung einer Fettleber. Dabei geht das funktionsfähige Lebergewebe zunehmend zugrunde und die Leber kann nicht mehr richtig arbeiten. Eine gestörte Darmbarriere, ausgelöst etwa durch eine Dysbalance des Darmmikrobioms oder durch eine erhöhte Durchlässigkeit der Darmschleimhaut (intestinale Permeabilität), führt dazu, dass vermehrt auch bakterielle Bestandteile in die Leber gelangen können. Dies führt seinerseits zu Entzündungsreaktionen.

Rheuma und Arthrose

Bereits 2019 veröffentlichte eine japanische Arbeitsgruppe eine Übersichtsarbeit, die sich mit dem Zusammenhang zwischen dem Darmmikrobiom und rheumatischen Erkrankungen – darunter auch verschleißbedingte Arthrosen – beschäftigte. Demnach scheinen bestimmte Darmbakterien, z. B. der Prevotella copri aus der Gattung Prevotella, in erhöhter Konzentration an der Entwicklung von Rheuma und schmerzhaften degenerativen Gelenkerkrankungen beteiligt zu sein.

Vermutet wird, dass eine Überzahl dieser Bakterien das Wachstum und die Funktion anderer Darmbakterien negativ beeinflusst, das Darmmikrobiom gerät dann in Schieflage. Weitere Studien sind erforderlich, um diese Wechselwirkungen genauer aufzuklären.

> Wiederkehrende Kopfschmerzen und Migräne können ihre Ursache im Darm haben.

Kopfschmerzen und Migräne

Auch immer wieder auftretende Kopfschmerzen und Migräne können ihre Ursache im Darm haben. Experten unterscheiden über 200 verschiedene Kopfschmerzarten. Während Spannungskopfschmerzen oft durch Stress und körperliche Verspannungen ausgelöst werden und meist rasch wieder abklingen, handelt es sich bei der Migräne um eine neurologische Erkrankung.

Die Kopfschmerzen bei Migräne sind begleitet von weiteren Beschwerden wie Übelkeit, Lärm- und Lichtempfindlichkeit. In etwa zehn bis 30 Prozent der Fälle ist Migräne zudem mit einer Aura verbunden. Dabei handelt es sich um vorübergehende neurologische Reiz- und Ausfallerscheinungen, die vor einem Migräneanfall oder zu dessen Beginn auftreten.

Insbesondere in den letzten 20 Jahren wird zunehmend auch der Zusammenhang zwischen einer gestörten Darmbarriere und Migräne untersucht. Möglicherweise wird durch ein Leaky Gut begünstigt, dass toxische Substanzen in das Zentralnervensystem (ZNS) übertreten können.

Wichtig: Wie Migräne entsteht, ist nicht vollständig geklärt. Eine weitere Annahme ist, dass es zu einer Art Reizung in Form von Mikroentzündungen des Hirngewebes und der Hirnhäute kommt, wodurch permanent Schmerzbotenstoffe ausgeschüttet werden, was wiederum die Schmerzsensibilität enorm erhöhen kann.

Depressive Verstimmungen

In den letzten Jahren mehren sich die Hinweise darauf, dass bakterielle Stoffwechselprodukte die Darm-Hirn-Achse (siehe Seite 8) beeinflussen können. Diese ist u. a. für unsere Emotionen zuständig und steht in engem Zusammenhang mit unserem allgemeinen Wohlbefinden.

Studien zufolge sind bestimmte Bakterienstämme offenbar in der Lage, Botenstoffe wie das als Glückshormon bekannte Serotonin und Dopamin zu produzieren. Dabei ist immer noch wenig bekannt, dass der größte Teil des Serotonins in den Zellen unserer Dünndarmschleimhaut gebildet wird – und der weitaus kleinere Anteil im Gehirn.

Die Vermutung liegt nahe, dass eine vielfältige Bakteriengemeinschaft des Darmmikrobioms unsere Stimmung positiv beeinflussen kann, während eine Fehlbesiedelung mit ungünstigen Keimen die Entwicklung psychischer Erkrankungen und depressiver Symptome begünstigt.

Hautprobleme von Akne bis Schuppenflechte

Wenn der Darm nicht mehr richtig arbeiten kann, zeigt sich dies optisch mit einer fahlen, grauen Haut sowie durch Hauterkrankungen.

Immer, wenn schädliche Substanzen nicht über den Darm oder die Leber entsorgt werden können, versucht der Körper die Störenfriede über andere Wege loszuwerden. Einer davon ist die Ausscheidung über die Haut. Optisch sichtbar wird diese Schwerstarbeit durch eine fahle, graue Haut, die sich nicht mehr selbst gut regenerieren kann. Ebenso durch Akne, Schüppchenbildung und auch Juckreiz.

Eine verstärkte Akne hängt zudem vermutlich mit einer sehr zucker- sowie fettreichen Ernährung und der damit einhergehenden veränderten Zusammensetzung des Darmmikrobioms zusammen.

Durch ein Leaky Gut werden aber nicht nur Entzündungsstoffe vermehrt ausgeschüttet, sondern auch spezielle Gewebshormone wie Serotonin und Histamin. Diese sind nach ihrer Ausschüttung nicht nur in der Darmschleimhaut zu finden, sondern verteilen sich im ganzen Körper.

Histamin übt als Botenstoff vielfältige Funktionen im Organismus aus. Bei einer hohen Histaminmenge werden jedoch bestimmte Abläufe pausenlos aktiviert. Auf der Haut zeigt sich dies oft durch Pickelbildung, einen unspezifischen Ausschlag sowie als Krankheitsschübe bei einer Neurodermitis oder Schuppenflechte (Psoriasis).

Bei der Neurodermitis, auch atopisches Ekzem genannt, handelt es sich um eine chronisch entzündliche, mit Juckreiz einhergehende Hauterkrankung. Die Haut ist oft trocken, schuppig, gerötet und juckt. Etwa 13 Prozent der Kinder und zwei bis drei

Prozent der Erwachsenen sind betroffen. Bei den Patienten und Patientinnen ist die Schutzfunktion der Haut herabgesetzt. Der Kontakt mit Keimen, physikalischen oder chemischen Reizen kann leicht zu Entzündungen führen.

Psoriasis, auch Schuppenflechte genannt, ist eine chronisch entzündliche Autoimmunerkrankung. Zu den sichtbaren Zeichen der Krankheit zählen sogenannte Plaques. Diese schuppigen Hautstellen können jucken, brennen und überall am Körper auftreten, insbesondere an den Ellenbogen, den Knien, in der Kreuzbeinregion und auf der behaarten Kopfhaut.

Chronisches Fatiguesyndrom

Das chronische Erschöpfungssyndrom (CFS), auch chronisches Fatiguesyndrom genannt, ist eine Erkrankung, die in der Regel ähnlich wie der Reizdarm über den Ausschluss anderer möglicher Erkrankungen diagnostiziert wird. Inzwischen zeigen verschiedene aktuelle Studien einen Zusammenhang zwischen der Zusammensetzung der Darmbakterien, Entzündungsfaktoren im Blut und der chronischen Erschöpfung.

In einer der ersten Studien war bei Betroffenen mit CFS gegenüber gesunden Probanden und Probandinnen die notwendige Vielfalt der Darmbakterien deutlich reduziert. Sie verfügten zudem über insgesamt weniger natürlich vorkommende Darmbakterien. Infolgedessen waren in der CFS-Gruppe auch wichtige Entzündungsmarker im Blut im Vergleich zur Kontrollgruppe erhöht.

Entzündungsprozesse im Körper sind generell bekannt für einen damit verbundenen erhöhten oxidativen Stress im Körper und im Gehirn. Auch dieser Aspekt spricht für eine schnellere Ermüdung beim Leaky Gut und die erhöhte Wahrscheinlichkeit, ein CFS zu entwickeln.

Diagnostische und therapeutische Möglichkeiten

> Eine ausführliche Anamnese und Laboranalysen können Hinweise darauf geben, ob es sich um ein Leaky Gut handelt.

Bei unklaren Beschwerden, die möglicherweise auf ein Leaky Gut hinweisen können, ist es immer einen Versuch wert, die Symptome genauer abzuklären und gemeinsam mit den Fachleuten individuelle Wege zu finden, damit der Darm und der gesamte Organismus wieder in Balance kommen. Eine ausführliche Anamnese und Laboranalysen können erste Hinweise geben.

Warum ist das so wichtig? Meine persönliche Erfahrung ist, dass es ohne detaillierte Abklärung mitunter zu einem Mangel verschiedener Nährstoffe kommen kann: Viele schränken sich bewusst oder unbewusst in ihrem Ernährungsverhalten ein, weil Lebensmittel Beschwerden machen, bestimmte Speisen nicht gut bekommen oder die Sorge da ist: „Das vertrage ich sowieso nicht."

Je einseitiger die Ernährung jedoch wird, umso mehr spitzt sich die Situation zu. Ein Teufelskreis entsteht, der möglicherweise bereits schwelende Entzündungsprozesse weiter triggert und Folgeerkrankungen provoziert.

Laborwerte abklären und verstehen

> Die Ursachen von Darmbeschwerden können vielfältig sein und sollten immer genau abgeklärt werden.

Lassen Sie bei Verdacht und nach Rücksprache mit Ihrem Arzt oder Ihrer Ärztin folgende Laborwerte abklären, um den genauen Gründen für Ihre Beschwerden auf die Spur zu kommen. Dafür wird entweder eine Stuhl- oder eine Blutprobe genommen und im Labor vor allem auf Zonulin, Alpha-1-Antitrypsin und das sekretorische Immunglobulin A (IgA) untersucht.

Regulatorprotein: Zonulin

Zonulin ist ein Protein, das bei diversen Reizen von der Darmschleimhaut und der Leber abgegeben wird. Es bindet an bestimmte Rezeptoren und reguliert so die Schleusenöffnung der

Tight Junctions (siehe Seite 13). In erhöhter Konzentration bewirkt es eine erhöhte Durchlässigkeit der Darmschleimhaut.

Immunologische Erkrankungen wie z. B. eine Glutenunverträglichkeit (Zöliakie) oder eine rheumatoide Arthritis werden mit erhöhten Zonulinwerten und dem damit verbundenen unkontrollierten Übertritt unerwünschter Substanzen aus dem Darm in den Organismus in Verbindung gebracht. Auch bei chronisch entzündlichen Darmerkrankungen vermutet man, dass erhöhte Zonulinkonzentrationen möglicherweise eine Rolle spielen.

Als Selbstzahlerleistung kann man das Zonulin im Serum oder auch im Stuhl bestimmen lassen. In einer wissenschaftlichen Studie zur Ermittlung des Zonulinwertes ist man am Städtischen Klinikum Bogenhausen in München beispielsweise zu folgenden Ergebnissen gekommen:

Richtwert Serum = 38,7–55,6 Nanogramm pro Milliliter (ng/ml), Mittelwert = 45,9 ng/ml

Richtwert Stuhlprobe = 92,9–193,6 Nanogramm pro Milliliter (ng/ml), Mittelwert = 121,8 ng/ml

Wer gesetzlich versichert ist, muss diese Tests selbst bezahlen.

Allgemeingültige Referenzwerte gibt es (noch) nicht, in den jeweiligen Laboren gibt es daher unterschiedliche beziehungsweise orientierende Richt- und Erfahrungswerte. Der Grund sind auch hier die bislang nur begrenzt zur Verfügung stehenden Studiendaten. Weitere aussagekräftige Daten werden benötigt, um Zonulinkonzentrationen im Serum oder Stuhl künftig eindeutig klinisch bewerten zu können.

Wichtig: Bei Durchfall können aufgrund des Verdünnungseffektes falsch normale Werte gemessen werden, obwohl beispielsweise eine Entzündung und/oder erhöhte Durchlässigkeit der Darmschleimhaut vorliegt.

Entzündungsmarker: Alpha-1-Antitrypsin

Dieses Enzym wird vor allem in der Leber produziert. Ist es vermehrt im Stuhl nachweisbar, besteht oft eine Entzündung der Darmschleimhaut. Auch allergische Erkrankungen wie eine Neurodermitis können zu auffälligen Werten führen.

In der Komplementärmedizin gilt erhöhtes Alpha-1-Antitrypsin als ein sicherer Indikator für eine gestörte Darmschleimhautpermeabilität beziehungsweise für eine erhöhte Durchlässigkeit.

Richtwert Stuhlprobe < 0,27 Milligramm pro Gramm (mg/g)

Wichtig: Auch hier können bei Durchfall aufgrund des Verdünnungseffektes falsch normale Werte gemessen werden.

Antikörper: sekretorisches Immunglobulin A (sIgA)

Immunglobuline sind Antikörper und Bestandteil des Blutserums, sekretorisches Immunglobulin A (sIgA) wird jedoch von den Schleimhäuten abgesondert. Es findet sich daher nicht nur im Magendarmtrakt, sondern auch in der Tränenflüssigkeit, im Nasen- und Bronchialsekret sowie im Vaginalschleim und wappnet die Schleimhäute vor allem gegen Krankheitserreger von außen.

Auch in der Muttermilch ist sIgA nachweisbar. Im Darm schützen normale sIgA-Konzentrationen vor lokalen Infektionen. Daher können die sIgA-Werte auch wichtige Hinweise über den Zustand des darmassoziierten Immunsystems geben.

> Ist der sIgA-Wert erhöht, ist kann dies ein Hinweis für eine starke Beanspruchung des darmassoziierten Immunsystems sein, was für ein Leaky Gut typisch ist.

Bei wiederkehrenden Infekten oder auch einer Immunschwäche – der unzureichenden Funktionsfähigkeit des eigenen Immunsystems – kann das sIgA erniedrigt vorliegen bis fehlen. Ist ein Immundefekt ausgeschlossen, kann ein geringes sIgA immer auch ein Zeichen für einen nicht voll funktionstüchtigen Darm sein (wie bei Morbus Crohn oder Colitis Ulcerosa).

Ist der sIgA-Wert erhöht, ist dies ein Hinweis für eine Beanspruchung des darmassoziierten Immunsystems, was für ein Leaky Gut typisch ist.

Richtwert Stuhlprobe = 0,71–2,19 mg/g
Wichtig: Bei Durchfall können aufgrund des Verdünnungseffektes falsch niedrige Werte gemessen werden.

Natürliches „Antibiotikum": Beta-Defensin 2

Defensine sind gegen verschiedene Bakterien, Pilze, Viren und Protozoen wirksam und Teil der unspezifischen Abwehr. Die Bildung von Beta-Defensin 2 wird über bestimmte Botenstoffe und auch Mikroorganismen des Darmmikrobioms gesteuert. Demzufolge geht man bei einem Mangel oder einer Überproduktion von einer nur eingeschränkt funktionsfähigen Darmbarriere (z. B. beim Leaky Gut) beziehungsweise von chronisch entzündlichen Prozessen im Darm aus.

Wichtig zu erwähnen ist, dass ähnlich dem Zonulin auch für das Beta-Defensin 2 momentan noch zu wenige fundierte Studiendaten vorliegen, um den entsprechenden Gehalt im Stuhl klinisch einwandfrei bewerten zu können. Die Erfahrungs- beziehungsweise Komplementärmedizin nutzt auf Basis bislang vorliegender Daten und Erkenntnisse die in den Laboren definierten Normbereiche jedoch für eine erste grobe Orientierung innerhalb der gesamten Diagnostik.
Richtwert Stuhlprobe = 8–60 ng/g
Wichtig: Bei Durchfall können aufgrund des Verdünnungseffektes falsch normale Werte trotz entzündlicher Prozesse oder auch falsch niedrige Werte gemessen werden.

Gewebshormon: Histamin

Histamin ist ein Botenstoff, der als Gewebshormon viele Aufgaben im Körper übernimmt. Die Diaminooxidase (DAO) ist das Abbauenzym von Histamin im Körper. Ein Ungleichgewicht zwischen im Körper freigesetztem beziehungsweise mit der Nahrung aufgenommenem Histamin und dem Histaminabbau durch DAO kann zu pseudoallergischen Reaktionen führen. Ist der Histaminspiegel im Körper hoch und DAO niedrig, liegt häufig eine Histaminintoleranz vor.

Aber auch bei allen allergischen Reaktionen spielt Histamin eine Rolle. Durch die Aufnahme besonders histaminreicher Lebensmittel (wie Rotwein, Geräuchertes, Meeresfrüchte oder Fertiggerichte) wird der Körper bei einer Histaminintoleranz zusätzlich belastet.

Ein hohes Histamin im Stuhl (HIST) kann daher einerseits den Verdacht auf ein Leaky Gut erhärten, jedoch auch ein Hinweis auf eine Nahrungsmittelunverträglichkeit sein, z. B. eine Histaminintoleranz oder eine echte Nahrungsmittelallergie. Auch ein durch Parasiten, z. B. Fadenwürmer, hervorgerufener Infekt ist denkbar. Vermutlich kann auch andauernder negativer Stress die Histaminausscheidung im Stuhl erhöhen.

Verschiedene Laborwerte können bei der Einschätzung hilfreich sein, ob ein Leaky Gut vorliegt.

Meine Erfahrung ist: Wird erhöhtes Histamin im Stuhl gefunden, wird den Patienten und Patientinnen oft eine histaminfreie Ernährung empfohlen. Dies kann jedoch schnell zu einer Mangelernährung führen und löst vor allem das zugrunde liegende Problem nicht. Es sollte vielmehr sorgfältig abgeklärt werden, was im konkreten Fall dafür sorgt, dass Histamin verstärkt freigesetzt wird. Neben einer Fehlernährung und den angesprochenen Unverträglichkeiten kommen beispielsweise auch chronisch entzündliche Darmerkrankungen in Betracht.

Richtwert Stuhlprobe < 600 ng/g

Spezifischer Biomarker: Calprotectin

Das Protein wird im Blut gebildet. Es ist relevant bei der Abwehr von entzündlichen Erkrankungen und daher ein spezifischer Biomarker für eine entzündliche Aktivität, z. B. im Verdauungstrakt beziehungsweise für defekte Tight Junctions (siehe Seite 13).

Bei einer erhöhten Darmdurchlässigkeit wird verstärkt Calprotectin in den Darm ausgeschieden. Vor allem in der Komplementärmedizin wird der Bestimmung des Calprotectins eine hohe Aussagekraft zugeschrieben. In der Schulmedizin wird demgegenüber oft kritisch angemerkt, dass der Wert auch ohne greifbaren Grund erhöht sein kann.

Der Nachweis erfolgt über eine Stuhlprobe. Auch bei einer schweren entzündlichen Aktivität im Sinne eines Morbus Crohn oder bei Colitis ulcerosa (siehe Seite 27) ist das Calprotectin erhöht, ebenso bei einer akuten infektiösen Darmerkrankung.

Richtwert Stuhlprobe ≤ 50 Mikrogramm pro Gramm (µg/g)

Grundlagen eines individuellen Behandlungskonzeptes

„Der Tod sitzt im Darm", nahezu jeder hat diesen auf Hippokrates (griechischer Arzt, etwa um 460–370 v. Chr.) zurückgehenden Satz schon einmal gehört. Dass viele Krankheiten, insbesondere weitverbreitete Zivilisationsleiden, ihre Ursache auch im Darm haben, sieht sich vor allem in der Komplementärmedizin und durch die Erfahrung unzähliger Patienten und Patientinnen oft bestätigt.

In alternativen Heildisziplinen mit einem ganzheitlichen Ansatz geht man davon aus, dass eine positive Veränderung des Darmmikrobioms z. B. in der Therapie von Depressionen, bei Diabetes, Autismus, aber auch Alzheimerdemenz eine wichtige Rolle spielt.

Schulmedizinisch wird oft vor voreiligen Schlüssen gewarnt, wenn es um die Bedeutung des Darmmikrobioms für unsere Gesundheit geht. Durch die stetig voranschreitende Forschung gibt es diesbezüglich jedoch inzwischen einige Übereinstimmungen mit der Komplementärmedizin.

Drei wichtige Erkenntnisse, die bei der Erstellung eines individuellen Behandlungskonzeptes auch beim Leaky Gut relevant sein können, möchte ich Ihnen zusammenfassend kurz vorstellen.

Darmmikrobiom und Antibiotika

Unzählige Studien zeigen, dass die Einnahme von Antibiotika immer auch das Darmmikrobiom negativ beeinflusst und die Vielfalt der Darmbakterien zerstören kann. Hierin stimmen Schul- und Komplementärmedizin überein.

In wissenschaftlichen Untersuchungen konnte man zeigen: Wenn ein Patient oder eine Patientin für ein halbes Jahr Antibiotika einnehmen musste, vergingen danach fast zwei Jahre (!), bis sich das Darmmikrobiom wieder erholt hatte.

Darmmikrobiom und Stoffwechsel

Das Darmmikrobiom wird durch eine abwechslungsreiche Ernährung gesund gehalten.

Als sicher gilt, dass unser Darmmikrobiom wesentlichen Einfluss auf die Verwertung der Nahrung, die Energiegewinnung und auf die Regulierung des Blutzuckerspiegels hat. Die Darmbakterien fördern die Aufnahme wichtiger Nährstoffe in das Blut, indem sie deren Transport beschleunigen und auch den Fett- sowie Gallensäurestoffwechsel optimieren.

Bakterien wie Laktobazillen und Bifidobakterien scheinen für das Stoffwechselgeschehen besonders positiv zu sein, da sie bakterielle Krankheitserreger (z. B. zu viele Clostridien) in Schach halten können.

Das Mikrobiom hilft zudem bei der Entwicklung des Immunsystems und unterstützt die Heranreifung bestimmter Abwehrzellen.

Darmmikrobiom und Gewichtsreduktion

Menschen mit Übergewicht haben generell eine geringere Bakterienvielfalt im Darm gegenüber Normalgewichtigen. Dominierend sind Bakterien vom Stamm Firmicutes sowie Collinsella. Frimicutesbakterien werden daher auch gerne als Dickmacher- oder Kaloriensammlerbakterien bezeichnet.

Es gilt als gesichert, dass insbesondere zuckerreiche Lebensmittel für eine starke Vermehrung von Firmicutes sorgen. Andersherum führt ein langfristiger und konsequenter Zuckerverzicht mittelfristig zu einer starken Reduktion dieser Bakterien – was übrigens auch der Zusammensetzung des Darmmikrobioms bei schlanken Menschen entspricht.

Collinsellabakterien scheinen dagegen eher den Fettstoffwechsel und den Cholesterinspiegel zu beeinflussen. Sie entstehen demnach im Übermaß bei einer zu hohen Kalorienmenge und sehr fettreicher Ernährung. Auch hier ist in Studien belegt, dass sich durch eine entsprechende Ernährungsumstellung das Darmmikrobiom wieder ausbalancieren kann.

Die drei Thesen fassen noch einmal sehr gut zusammen, dass unsere Ernährungsgewohnheiten, unser Lebensstil wie auch Umweltfaktoren und Medikamente einen großen Einfluss auf unser Darmmikrobiom haben. Insbesondere das richtige Essen beziehungsweise eine entsprechende Ernährungsberatung sollten beim Leaky Gut zum Behandlungskonzept gehören. Warum?

Das Mikrobiom lässt sich durch eine ausgeglichene Mischkost quasi auf „gesund" umprogrammieren, um das Gleichgewicht innerhalb der Vielfalt der Darmbakterien wieder herzustellen. Dieser Prozess passiert jedoch nicht von heute auf morgen. Wenn Sie beginnen, auch mithilfe dieses Ratgebers, Ihre Ernährung entsprechend umzustellen, sollten Sie sich für nachhaltige gesundheitsfördernde Effekte auf ein halbes Jahr und mehr einstellen.

Wesentlich dabei ist der Verzicht auf Zucker, große Mengen Weißmehlprodukte, Alkohol sowie Zusatzstoffe. Die „guten" Darmbakterien (z. B. Bacteroidetes) lassen sich gezielt mit darmfreundlichen, präbiotischen Lebensmitteln züchten.

Präbiotische Lebensmittel wie Zwiebeln und Lauch fördern das Wachstum gesundheitsfördernder Darmbakterien.

Einige Beispiele: Chicorée, Artischocken, Lauch, Zwiebeln, Knoblauch, Topinambur, Schwarzwurzeln und Pastinaken. Natürliche Probiotika wie Joghurt, Kefir, Buttermilch oder fermentiertes Gemüse (z. B. Sauerkraut und Kimchi) liefern zudem direkt viele nützliche Bakterien wie Laktobazillen und Bifidobakterien.

Prä- und Probiotika in der Nahrung
Präbiotika liefern reichliche, unverdauliche Nahrungsbestandteile, die das Wachstum und die Aktivität gewünschter Darmbakterien fördern.

Probiotika sind unmittelbar lebensfähige Mikroorganismen, die das Darmmikrobiom mit bestimmten Bakterien anreichern und direkt positiv unterstützen.

Dass eine Unterstützung der Regeneration des Darmmikrobioms mithilfe einer Ernährungsumstellung sinnvoll ist, auch darin sind sich übrigens Schul- und Komplementärmedizin einig. Je gesünder die Nahrungsmittel sind, die wir tagtäglich verzehren, desto besser geht es auch unserem Darm.

Clevere Hausapotheke: Was Sie noch tun können

Naturheilkundliche Hausmittel weisen oft positive Erfolge auf und sollten auf jeden Fall ausprobiert werden.

Wenn sich alleine über die Ernährung die gewünschten Effekte nicht einstellen, gibt es zusätzlich verschiedene naturheilkundliche Hausmittel, die sich bewährt haben. Viele meiner Patienten und Patientinnen profitieren von so manchem Trick: Insbesondere bei hoch empfindlichen Bäuchen habe ich die Erfahrung gemacht, dass Heilerde, Flohsamenschalen oder auch Heilkräutertees und Massagen oft wohltuende und nachhaltige Linderung verschaffen.

Natürlich lindern: Heilerde und Flohsamen

Bei Menschen mit einem Leaky Gut kommt es u. a. sehr häufig zu einer vermehrten Produktion von Histamin in den Darmzellen – unabhängig von der Ernährung. Das kann zu unangenehmen Reizzuständen führen.

In anderen Fällen haben die Patienten und Patientinnen Mobilitätsstörungen im Darm, das heißt: Die peristaltischen Darmbewegungen verlaufen entweder sehr träge und deuten oft auf eine Verstopfung hin. Oder das Gegenteil ist der Fall, und der Speisebrei wird zu schnell durch den Darm transportiert beziehungsweise es kommt wiederholt zu Durchfällen.

Diese Situationen können auch bei vorbildlicher Ernährung sehr belastend sein. In meiner Praxis erlebe ich immer wieder, dass Heilerde und Flohsamenschalen dann einen Versuch wert sind.

Bei hoher Empfindlichkeit: Heilerde Natürliche Heilerde hat einen positiven Einfluss auf die Darmbakterien und stärkt die Darmbarriere. Es handelt sich um ein natürliches, mineralisches Pulver, das aus Löss – einer Lehmart – gewonnen wird. Die Zusammensetzung dieses Naturheilmittels kann je nach Herkunft unterschiedliche Anteile an Mineralien aufweisen. Darunter sind beispielsweise Kieselsäure, Kalzium, Aluminium-, Magnesium- und Natriumsalze, Silizium, Eisenoxid, Manganverbindungen und Phosphate.

> Heilerde bindet Schadstoffe im Darm und bringt Magen und Darm wieder in eine natürliche Balance.

Gegen eine hohe Histaminkonzentration im Darm kann die Heilerde zweifach wirken. Erstens kann sie Histamin im Darm binden und über diesen Mechanismus die Beschwerden lindern. Zweitens lässt sich der gereizte Darm durch die Gabe von Heilerde allgemein beruhigen. Das bedeutet, die Reizschwelle wird auf natürliche Weise angehoben, ab der im Darm eine empfindliche Reaktion auf Histamin erfolgt. Mit anderen Worten: Es wird mehr Histamin vertragen.

Empfehlung: Am besten ist es, vorbeugend täglich die Heilerde vor der ersten Mahlzeit des Tages einzunehmen. Lösen Sie dafür einen Teelöffel Heilerde in einem Glas kalten Wasser auf.

Zur Regulierung der Darmtätigkeit: Flohsamen Flohsamen sind als Ballaststoffe nicht nur ein interessanter Bestandteil für unsere Ernährung (siehe Seite 64), sondern zugleich ein wohltuendes Naturheilmittel.

Die Schalen des Flohsamens enthalten Schleimstoffe, die große Mengen Wasser binden können. Im Darm quellen sie um ein Vielfaches auf und regulieren so die Darmbewegungen. Dies kann Sie gut unterstützen, wenn Sie zu Durchfällen oder auch Verstopfungen neigen.

Als weiteren Nährstoff enthalten die Samen aber auch Öle, die wie ein Schmierfilm im Darm wirken und ebenfalls den Stuhltransport fördern beziehungsweise regulieren können. Auch die innere Auskleidung der Darmwand wird durch die natürlichen Öle gepflegt.

Der Schleim der Flohsamenschalen kann eine Art Ersatzschleim liefern, der die natürliche Regeneration der Darmschleimhaut unterstützt.

Normalerweise würde eine gesunde Darmschleimhaut – wie schon der Name sagt – selbst ausreichend Schleim zu ihrem Eigenschutz bilden. Ist die Darmschleimhaut jedoch wie beim Leaky Gut geschädigt, nimmt auch die schützende Schleimmenge ab. Die Darmschleimhaut wird also in doppelter Hinsicht immer empfindlicher, entzündeter und durchlässiger. Der Schleim der Flohsamenschalen kann hier eine Art Ersatzschleim liefern, um die natürliche Regeneration der Darmschleimhaut zu unterstützen.

Empfehlung: Voraussetzung für die Anwendung ist, dass Sie stets eine ausreichende Flüssigkeitsmenge dazu aufnehmen. Ein bis zwei Gläser Wasser sollten Sie mindestens trinken, wenn Sie einen Teelöffel Flohsamenschalen konsumieren.

Meistens wird der Flohsamen als Pulver zermahlen angeboten und kann so einfach in Wasser aufgelöst und mit zusätzlichem Trinkwasser eingenommen werden. Wichtig ist, die Mengenempfehlungen jeweils unbedingt zu beachten und nicht zu überschreiten.

Allgemein werden für Erwachsene pro Tag maximal zehn bis 30 Gramm Flohsamen (ganz oder als Pulver zermahlen) empfohlen, verteilt auf drei Einzeldosen. Wer Flohsamenschalen verwendet, sollte maximal zehn bis 20 Gramm pro Tag zu sich nehmen, ebenfalls aufgeteilt auf drei Einzeldosen.

Wohltuende Bauch- und Darmmassage

Nicht nur innerlich, auch von außen lässt sich mit einer Bauchmassage die Darmregion sanft manuell stimulieren. Eine Bauchselbstmassage können Sie jederzeit einfach zuhause durchführen. Die Massage entspannt die Muskulatur von Bauch und Darm, regt die Darmbewegungen an und unterstützt Ihre Verdauung. Auch akute Bauchbeschwerden erfahren Linderung. Probieren Sie regelmäßige Bauchmassagen auch bei Verkrampfungen, Stuhlproblemen oder Blähungen und zur allgemeinen Unterstützung der Darmtätigkeit.

Bei gespannter Bauchdecke und Blähungen kann eine Bauchmassage Linderung verschaffen und entspannen.

Empfehlung: Eine Massage können Sie immer dann machen, wenn Ihnen der Bauch besonders weh tut, Sie unter Anspannungen oder Blähungen leiden. Sie brauchen dafür nicht mehr als zwei bis drei Minuten Zeit. Wichtig ist, dass Sie nicht gestresst, sondern eher entspannt sind.

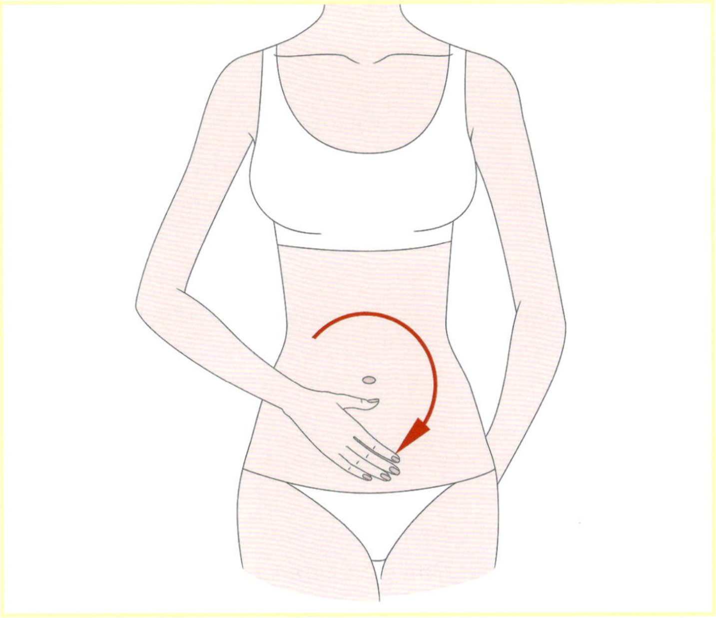

Eine Bauchmassage sollte immer im Uhrzeigersinn erfolgen

Massiert wird immer im Uhrzeigersinn, da der absteigende Dickdarm (Kolon descendens) von der linken Bauchseite hinab Richtung Unterbauch verläuft. Im linken Unterbauch macht der Dickdarm eine leichte S-Kurve. Dieser Abschnitt heißt S-Darm oder Sigma, Sigmoid oder Kolon sigmoideum. Am Ende des Sigmas endet der Dickdarm, hier schließt sich der Mastdarm an.

So geht's: Beginnen Sie rechts unten und kreisen Sie im Uhrzeigersinn um Ihren Bauchnabel. Die Kreise sollten so groß sein, dass Sie den Eindruck haben, alle Bereiche des Darms und der angespannten Bauchdecke zu massieren. Atmen Sie ruhig und möglichst tief ein und aus.

Zu großen Druck sollten Sie nicht mit Ihren Händen ausüben. Es ist ein angenehmes Streicheln. Besonders unterstützend ist dafür die Verwendung von Pfefferminzöl oder Kümmelöl. Geben Sie von einem entsprechend hochwertigen Naturöl wenige Tropfen auf die angewärmten Hände, verreiben Sie das Öl und beginnen Sie mit der Massage.

Wärmende Heilkräutertees

Dass Heilkräutertee mehr kann als herkömmlicher Tee, liegt nahe – sonst würde er wohl nicht so heißen. Auch beim Leaky Gut wird Tee vor allem für seine wärmenden Eigenschaften geschätzt. Ich stelle Ihnen drei bewährte Teemischungen beim Leaky Gut vor. Aus meiner Sicht – ich trinke sie selbst bei alltäglichen Magendarmproblemen auch gerne – wirken sie schnell und schmecken gut.

Für jede der Rezepturen gilt: Gießen Sie etwa 200 Milliliter (das entspricht einer Tasse) leicht siedendes Wasser auf einen Teebeutel mit je einem Teelöffel dieser Mischung. Die Ziehzeit beträgt für alle drei Tees drei bis acht Minuten, je nachdem, wie intensiv der Teegeschmack sein soll.

Teebeutel beziehungsweise Teefilter, die sich einfach auch ohne Teefilterhalter für lose Tees verwenden lassen, finden Sie in jedem Drogeriemarkt. Auch ein Teesieb oder Teeei können Sie natürlich nutzen.

Leaky-Gut-Durchfalltee Himbeer- oder Brombeerblätter sind ideal bei Durchfall. Sie bekommen die geschnittenen Blätter und die weiteren Zutaten lose aus der Apotheke oder im Reformhaus. Himbeer- und Brombeerblätter sind reich an pflanzlichen Gerbstoffen und entfalten dadurch ihre therapeutische Wirkung.

Heilkräuter sollten Sie in ihrer Wirkung nicht unterschätzen und möglichst in der Apotheke beziehen.

Bereits im alten Ägypten soll man Brombeertee als Naturheilmittel genutzt haben, um dem raschen Wasserverlust über den Darm entgegenzuwirken und den Körper vor dem Austrocknen zu bewahren. Sie kennen ja die Devise: viel trinken!

Sie brauchen:
30 g Himbeer- oder Brombeerblätter, geschnitten
30 g Heidelbeeren, getrocknet
30 g Fenchelsamen, gestoßen
Empfehlung: Etwa drei Tassen täglich in kleinen Schlucken trinken.

Leaky-Gut-Blähbauchtee Anis-, Fenchel- und Kümmelsamen stammen alle aus der Familie der sogenannten Doldenblütler oder Doldengewächse (Apiaceae) und sind reich an ätherischen Ölen. Studien weisen darauf hin, dass alle drei Samenarten vor allem beim Blähbauch wirksam sein können.

Doch Anis, Fenchel und Kümmel unterscheiden sich geschmacklich ein wenig. Daher kann jeder für sich entscheiden, was sein Lieblingstee ist. Sie können also reinen Anis-, Fenchel- oder Kümmelsamen genießen oder sich in der Apotheke eine Mischung zu gleichen Teilen aus allen drei Zutaten herstellen lassen.

Sie brauchen:
40 g Anissamen, gestoßen
40 g Fenchelsamen, gestoßen
40 g Kümmelsamen, gestoßen
Empfehlung: Drei bis fünf Tassen täglich in kleinen Schlucken trinken.

Leaky-Gut-Verstopfungstee Ingwer ist vielen als Naturheilmittel bekannt und auch Bestandteil vieler Rezepte in diesem Buch. Wie die Ingwerwurzel, können auch Kamille, Süßholzwurzel, Pfefferminze und Melisse alleine oder zusammen als Teemischung gegen Verstopfung helfen. Wie das? Sie enthalten natürliche Pflanzenstoffe, die Verkrampfungen des Darms lösen und die Darmbeweglichkeit sanft anregen können.

Sie brauchen:
40 g Süßholzwurzel, gehackt
40 g Kamillenblüten
1 TL Pfefferminzblätter, geschnitten
1 TL Melissenblätter, geschnitten
Empfehlung: Etwa drei Tassen täglich in kleinen Schlucken trinken.

Sechswöchige Kur: Leaky-Gut-Schleimbildungsaufguss

Mithilfe des Schleimbildungsaufgusses kann sich die Darmschleimhaut besser regenerieren und ist weniger störanfällig. Die gereizte Schleimhaut des Darms soll durch die Inhaltsstoffe der Eibisch- oder der Süßholzwurzel eine Art Schutzschicht erhalten. Sie sollten bei Anwendung der Aufgüsse nach etwa einer Woche Linderung spüren.

So geht's: Kaltaufguss
1 TL Eibischwurzel oder Eibischblätter mit einer Tasse kaltem Wasser übergießen. Ein bis zwei Stunden stehen lassen, dabei immer wieder umrühren. Danach den Ansatz durch ein Sieb abgießen und die aufgefangene Flüssigkeit schluckweise trinken: eine Tasse pro Tag am besten nach dem Abendessen.

So geht's: Warmaufguss
1 TL gehackte Süßholzwurzel mit 150 Milliliter kaltem Wasser zum Kochen bringen, kurz weiter kochen und dann zügig abgießen. Drei bis fünf Tassen täglich warm in kleinen Schlucken trinken. Alternativ können Sie den Aufguss auch abgekühlt trinken.

RICHTIG ESSEN: NATÜRLICH AUSGEWOGEN

Ein hoher Konsum von Zucker, Weißmehl oder Genussmitteln wie Alkohol ist für das Darmmikrobiom Stress pur. Auch unzählige Zusatzstoffe in Fertigprodukten bringen die Bakterienvielfalt in Schieflage. All die guten Mikroorganismen, die sich im Darmmikrobiom befinden, sind essenziell und benötigen die richtigen Nährstoffe. Und diese findet man vor allem in natürlichen Lebensmitteln. Eine darmgesunde Ernährung hat daher einen hohen Anteil an pflanzlicher Nahrung. Auf den kommenden Seiten erhalten Sie Anregungen, was Sie an Ihrem Essverhalten günstig verändern könnten. Die Informationen sind bei der Fülle ernährungsmedizinischer Möglichkeiten als Einstieg zu verstehen – und als Einladung, sich gegebenenfalls individuell beraten zu lassen.

Möglichst am Zucker sparen

Wenig Zucker, und doch Obst

Blähbauch oder verstärkte Blähungen? Schuld kann ein hoher Zuckerkonsum sein, denn zuckerverwertende Bakterien verdrängen im Darm wichtige gesunde Bakterienstämme (z. B. Bacteroidetes). Das gilt auch für einen zu hohen Konsum an Fruchtzucker, der Fruktose. Diese ist nämlich nicht nur in frischem Obst oder Säften enthalten, sie steckt auch im Haushaltszucker und in unzähligen Fertigprodukten. Fruktose wird normalerweise nur langsam aus dem Darm aufgenommen, bei manchen Menschen besonders langsam – genau das kann Probleme machen.

Damit aufgenommene Fruktose verwertet werden kann, werden bestimmte Transportsysteme in den Dünndarmzellen benötigt, insbesondere ein Protein mit dem Namen GLUT-5-Transporter. Bei einem Leaky Gut kann dieses beschädigt und weniger leistungsfähig sein. Infolgedessen kann Fruktose nur eingeschränkt weiterverarbeitet werden.

Hinzu kommt: Hohe Fruktosemengen aus Soft- und Energydrinks, Süßigkeiten und Co. können auch direkt die Zellen der Darmschleimhaut und damit die empfindliche Darmbarriere schädigen. Natürlich vorkommende Fruktose aus frischem Obst stellt dagegen in angemessenen Mengen kein Risiko für die Darmbarriere dar (siehe Abschnitt „Verträglicher Umgang mit Fruktose").

Die gute Nachricht: Auch Menschen mit einer Fruktoseintoleranz kommen mitunter mit kleineren Mengen Fruktose noch gut zurecht, während größere Mengen zu Blähungen, Völlegefühl und teils krampfartigen Schmerzen führen können.

Testphasen helfen, die individuelle Verträglichkeit herauszufinden.

Um die individuelle Verträglichkeit zu testen, können Sie in einer ersten Phase von zwei bis vier Wochen einmal auf Zucker und auch fruchtzuckerhaltige Lebensmittel weitgehend verzichten und beobachten, wie sich dadurch Ihr Allgemeinbefinden verändert.

So funktioniert der Zuckerverzicht

- Haushaltszucker, Rübenzucker, Rohrzucker, Honig, Ahornsirup, Rübensirup, Dicksäfte und Fruktose in jeglicher Form sind für den Testzeitraum tabu. Alternativ kann beispielsweise Reissirup oder auch der kalorienarme Yaconsirup (wird aus Knollen der südamerikanischen Yaconpflanze gewonnen) in kleinen Mengen verwendet werden (zwei Teelöffel am Tag).
- Testweise Verzicht auf alle Obstsorten, ausgenommen grüne Bananen (enthalten Stärke und generell weniger Fruktose als Glukose) und Beerenfrüchte (z. B. enthalten Heidel-, Erd-, Him- und Brombeeren wenig Zucker und somit wenig Fruktose). Erlaubt sind zwei Portionen zu je 100 Gramm täglich, die in Kombination mit einem Milchprodukt (z. B. Joghurt) verzehrt werden sollten, da das Milcheiweiß die Resorption des Fruchtzuckers verbessert. Tabu sind dagegen alle Formen von Trockenobst.
- Achten Sie bei allen Fertigprodukten penibel auf das Etikett: Alle Lebensmittel sollten frei von Zucker und Zuckeraustauschstoffen sein. Beispiele: Sorbit, Mannit, Xylit, Maltit, Isomalt und Laktit. Zuckeraustauschstoffe sind nicht mit Süßstoffen zu verwechseln: Zuckeraustauschstoffe haben ähnliche Süßkraft wie herkömmlicher Zucker und sind kalorienärmer. Süßstoffe sind stärker in der Süßkraft als Zucker, aber nahezu kalorienfrei. Unter den vielen Süßstoffen ist Stevia der einzige natürliche Süßstoff.
- Auch stark blähendes Gemüse lassen Sie bitte während der Versuchszeit weg, da Sie anderenfalls nicht unterscheiden können, ob Ihnen das zuckerarme Essen guttut beziehungsweise dieses weniger Völlegefühl und Blähungen verursacht.

Verträglicher Umgang mit Fruktose

Ihr Bauch hat sich durch den allgemeinen Zuckerverzicht beruhigt und Ihre Blähungen sind verschwunden? Das wird auch Ihren Darm sehr freuen. Nach dem Testzeitraum können Sie nun beginnen, allmählich bestimmte Lebensmittel mit natürlichem Fruchtzucker wieder nach und nach in Ihre Ernährung zu integrieren. Bis hin zu der Schwelle, ab der Ihnen das Zuviel an Zucker wieder Beschwerden macht.

Weiterhin tabu bleiben in jedem Fall Fertigprodukte mit Industriezucker, Zuckeraustauschstoffe und Trockenobst. Folgende vier Regeln verhelfen zu besserer Verträglichkeit im Umgang mit Fruktose.

1. Smoothies und Fruchtsäfte sollten weiterhin nicht auf Ihrem Speiseplan stehen. Vermutlich vertragen Sie bei einem ausgiebigen Sonntagsfrühstück ein kleines Glas Saft einer ausgepressten Orange. Dennoch: Selbst hergestellte Fruchtsäfte und Smoothies sind bezogen auf den Fruktosegehalt nicht verträglicher(!) als industriell hergestellte.
2. Obst können Sie jedoch grundsätzlich mit zwei kleinen Portionen täglich (je 100 Gramm) essen. Es sollte allerdings nicht auf nüchternen Magen verzehrt werden, denn dann gelangt die Fruktose zu schnell und nahezu ausschließlich in den Dünndarm. Ausnahme: Obst im morgendlichen Müsli oder in einer Quarkspeise ist okay. Auch ein Stück Obst als Nachtisch nach dem Mittagessen wird in der Regel besser vertragen als ein reiner Obstteller.
3. Bei vielen Patienten und Patientinnen erhöht sich die Verträglichkeit von Obst oder dem selbstgebackenen Obstkuchen, wenn hauchdünn Traubenzucker (Glukose) darüber gestreut wird. Der Grund: Traubenzucker (Glukose) verbessert die Aufnahme von Fruktose. Das Verhältnis von Fruktose zu Glukose lässt sich bei Obst einfach ausgleichen, indem auf 100 Gramm Obst zwei bis vier Gramm Traubenzucker gegeben werden.

4. Welches Obst für Sie gut funktioniert, sollte individuell ausprobiert werden. Die Erfahrung zeigt: Apfel, Birne, Pflaumen, Pfirsiche oder Kirschen haben relativ viel Fruktose und außerdem Sorbit, was die Fruktoseaufnahme reduziert. Sie werden daher häufig schlechter vertragen als Kiwis und Zitrusfrüchte. Fangen Sie mit den letzteren Obstsorten an und testen Sie vorsichtig aus, was Ihnen in welcher Menge guttut.

Tipp: Ausprobieren ist eine Möglichkeit. Im Rezeptteil dieses Buches finden Sie zudem auf einen Blick mithilfe eines Symbols die Rezepte, die nicht nur schmackhaft, sondern auch fruktosearm sind.

Ein hoher Zuckerkonsum – ob aus Keksen, Gummibärchen und Co., Saft oder Obst – schadet bei einem Leaky Gut.

Medizinisch wird eine Fruktoseintoleranz auch mit einem Atemtest abgeklärt. Dabei müssen die Betroffenen eine bestimmte Menge Fruchtzucker einnehmen, davor und danach wird ein sogenannter H2-Atemtest gemacht.

Der Trick dabei: Wird der eingenommene Zucker im Magendarmtrakt durch Bakterien abgebaut, bildet sich auch Wasserstoff. Werden bestimmte Grenzwerte überschritten, spricht das allerdings für eine Unverträglichkeit. Denn hohe H2-Konzentrationen entstehen nur, wenn Zucker nicht ausreichend im Dünndarm resorbiert werden kann. Liegt eine Fehlbesiedelung mit „schlechten“ Bakterien vor, werden bei der Zuckerverdauung jede Menge Gase produziert. Diese gelangen über das Blut und die Lunge in die Atemluft und werden als Wasserstoffkonzentration (H2) gemessen.

Wichtig: Bei Patienten oder Patientinnen mit Leaky-Gut-Syndrom können trotz nicht nachweisbarer Fruktoseintoleranz Fruktose sowie Haushaltszucker allgemein ein Problem in der Ernährung sein, da die Darmbarriere geschwächt ist.

Superfoods Milchprodukte und Fermentiertes

Fermentierte Lebensmittel, insbesondere Sauermilchprodukte, haben in vielen Kulturen rund um den Globus eine lange Tradition. Das Fermentieren macht Lebensmittel länger haltbar und verbessert es geschmacklich. Inzwischen interessieren jedoch zunehmend die gesundheitsfördernden Wirkungen.

Zu den fermentierten Lebensmittel gehören alle Lebensmittel, die durch Mikroorganismen verändert wurden. Der prominenteste Vertreter ist der Joghurt, gefolgt von Kefir, Sauerkraut und vergorenem Gemüse (Kimchi), aber auch Sauerteigbrot gehört dazu.

Milchsäurebakterien gehören zu den wichtigsten Mikroorganismen bei der Fermentierung. Unterteilt werden sie in Laktobazillen sowie Laktokokken. Die meisten von ihnen besitzen eine Magensäure- und Gallensäuretoleranz, die ihre Überlebensfähigkeit im Magen und oberen Dünndarm verbessert.

Dadurch können die guten Bakterien lebend den Dickdarm erreichen und dort aktiv arbeiten. Sie bilden dabei bioaktive Verbindungen, die wiederum pathogene Keime hemmen und das Immunsystem stärken können.

Ihre Fähigkeit, Zweifachzucker wie Laktose und Mehrfachzucker – wie Fruktane (z. B. im Weizen) oder in Hülsenfrüchten – aufzuschließen, verbessert die Verträglichkeit dieser Lebensmittel. Damit reduziert sich auch das Risiko, an einem Leaky Gut zu erkranken.

Täglich Joghurt!

Mit täglich einem Naturjoghurt (ca. 125 Gramm) ist der Darm ausreichend mit gesundheitsfördernden Milchsäurebakterien versorgt. Probiotische Joghurts sind gut erforscht und zeichnen sich durch einen besonders hohen Gehalt an Bakterien aus, die die Magensäure überstehen und so lebend den Dickdarm erreichen können. Gewöhnliche Joghurts können das auch, dies ist allerdings weniger gut erforscht.

Auch Phytinsäure, bestimmte Pflanzenstoffe z. B. in Getreide und Hülsenfrüchten, kann vermutlich durch Milchsäurebakterien besser abgebaut werden. Wie das?

Die gesunden Milchsäurebakterien geben bioaktive Peptide ab, denen antibakterielle, antientzündliche, antioxidative und krebsschützende Eigenschaften zugesprochen werden. Und last, but not least: Die guten Bakterien aus Milchprodukten und fermentierten Lebensmitteln bilden zahlreiche Vitamine zum Schutz der gesunden Darmschleimhaut.

Laktoseintoleranz und Leaky Gut

Bei einem Leaky Gut ist die Wahrscheinlichkeit, an einer Milchzuckerunverträglichkeit – der Laktoseunverträglichkeit beziehungsweise Laktoseintoleranz – zu erkranken, deutlich höher als bei Menschen, die eine gesunde Darmbarriere haben. Insgesamt vertragen im deutschsprachigen Raum etwa 15 Prozent der Menschen keine Laktose.

Um verstehen zu können, was es mit einer Laktoseintoleranz auf sich hat, lohnt sich eine Auseinandersetzung mit dem Stoff selbst: Laktose ist natürlicher Zucker in Milchprodukten und heißt zu Deutsch: Milchzucker. Dieser ist als Nährstoff in der Muttermilch sehr wichtig, denn Laktose unterstützt die Entwicklung eines gesunden Darmmikrobioms im Säuglingsalter.

Die Ursachen sowie Symptome einer Unverträglichkeit können sehr vielschichtig sein. Neben einer genetisch bedingten (primären) Laktoseintoleranz, kann es beispielsweise auch infolge verschiedener Darmkrankheiten oder bei einem veränderten Mikrobiom zu einer Laktoseintoleranz kommen. Die Rede ist dann von einer sekundären Laktoseintoleranz.

Laktose und Laktoseintoleranz
Der Milchzucker, die Laktose, wird im menschlichen Körper durch das Enzym Laktase aufgeschlossen und in die Einfachzucker Glukose und Galaktose zerlegt. Erwachsene produzieren jedoch deutlich weniger Laktase als Kinder. Durch den hohen Milchkonsum in der westlichen Ernährung finden sich aber auch im Erwachsenenalter noch geringe Mengen des Enzyms. Wird allerdings nicht genug Laktase produziert, um zugeführte Laktose in ihre Bestandteile aufzuspalten, spricht man von einer Laktoseintoleranz.

Darmsuperfoods sind ein tägliches Muss: Joghurt, Dickmilch, Buttermilch oder Kefir machen gesunde Darmbakterien glücklich.

Lässt sich die Ursache beheben, sodass sich die körpereigene Laktasebildung erholt, kommt auch der Darm wieder mit dem Milchzucker aus der Ernährung klar. Wer bei einem Leaky Gut unter einer Laktoseunverträglichkeit leidet, sollte täglich laktosefreien Joghurt essen, um den Vorteil der im Joghurt vorhandenen Milchsäurebakterien zu nutzen.

Außerdem gilt: Nur wenige Menschen mit Laktoseunverträglichkeit müssen ganz auf die „normalen" Milchprodukte verzichten. Die meisten vertragen erfahrungsgemäß Butter und die meisten Schnitt- und Hartkäse recht gut, zudem wenig Milch bei moderatem Kaffeekonsum. Laktosefrei sollten dagegen Produkte wie Sahne, Quark und Joghurt, Frisch- sowie Hüttenkäse sein. Außerdem größere Mengen an Milch oder Kakao zum Trinken, da der natürliche Laktosegehalt in diesen Fällen zu hoch ist.

Als laktosefrei gelten Milchprodukte mit einem Gehalt von weniger als 0,1 Gramm Laktose in 100 Gramm des Milchproduktes. Viele Schnitt- und Hartkäse liegen unter diesem Gehalt, was die gute Verträglichkeit erklärt. Im Zweifel hilft ein Blick auf die Nährwerttabelle und die Angabe der enthaltenen Kohlenhydrate weiter.

In der folgenden Tabelle sehen Sie, dass wir die meiste Laktose in der Regel über Milch, Buttermilch, Joghurt, Sahne, Quark und

Frischkäse aufnehmen. Der Darm kann in der Regel übrigens besser mit laktosefreier Kuhmilch umgehen als mit pflanzlichen Milchprodukten, da das Milcheiweiß leichter aufgeschlossen wird und Kuhmilch auch frei von Phytinsäure ist.

Im Rezeptteil finden Sie mithilfe des entsprechenden Symbols (I) laktosefreie Rezepte auf einen Blick.

Laktose in ausgewählten Milchprodukten

LEBENSMITTEL (JE 100 G)	GEHALT AN LAKTOSE	GEHALT AN LAKTOSE JE PORTIONSMENGE
Butter	0,6 g	0,12 g je 20 g
Buttermilch	4,0 g	8,0 g je 200 ml
Crème fraîche, 40 % Fett	2,0 g	0,5 g je 25 g
Doppelrahmfrischkäse, 60 % Fett	2,6 g	0,6 g je 30 g
Hüttenkäse, 20 % Fett	2,6 g	1,3 g je 50 g
Kuhmilch	4,8 g	9,6 g je 200 ml
Schafsmilch	4,8 g	9,6 g je 200 ml
Ziegenmilch	4,1 g	8,2 g je 200 ml
Speisequark, Magerstufe	3,2 g	0,6 g je 20 g
Naturquark, 20 % Fett	2,7 g	0,5 g je 20 g
Naturjoghurt, 3,5 % Fett	3,2 g	4,8 g je 150 g
Sauerrahm	3,3 g	1 g je 30 g
Schlagsahne	3,3 g	1 g je 30 g
Camembert	1,0 g	0,3 g je 30 g
Schnitt- und Hartkäse	0,1 g	0,02 g je 20 g

Vorteil laktosefreier Milchprodukte

Milchprodukte mit einem niedrigen Laktosegehalt werden meistens gut vertragen.

Milchprodukte, auch laktosefrei, sind enorm wichtig für die Versorgung mit Vitamin B2, Jod, Kalzium sowie Eiweiß – auch und vor allem beim Leaky Gut.

Vitamin B2 ist Bestandteil von Enzymen, die im Energiestoffwechsel eine Rolle spielen. Auch in Muskelfleisch, Vollkornprodukten, Gemüse (insbesondere Brokkoli, Grünkohl, Fenchel, Rosenkohl, Erbsen, Mais und Endivien) sowie Keimlingen steckt dieses Vitamin.

Jod ist notwendig für die Schilddrüsenfunktion, da Jod Teil der Schilddrüsenhormone ist. In großen Mengen steckt das Spurenelement bekanntlich in Seefisch, etwa ein Drittel unseres Jodbedarfs decken wir jedoch über Milchprodukte. Wie das? Die Euter der Kühe werden mit einer jodhaltigen Lösung gereinigt. Dies hat zu einer Anreicherung von Jod in der Milch geführt.

Darüber hinaus ist die Verwendung von Jodsalz in der Küche Pflicht.

Kalzium wird vor allem in Knochen und Zähnen eingelagert und spielt eine wichtige Rolle für die Muskel- und Nerventätigkeit. Sie können z. B. beim Mineralwasser auf einen Gehalt von mehr als 150 Milligramm Kalzium je Liter achten.

Dennoch: Kein anderes Lebensmittel hilft uns so gut, auf unseren täglichen Kalziumbedarf zu kommen, wie die Milch und daraus hergestellte Produkte. Zwar haben auch Mandeln, Sesamsamen oder Gemüse wie Brokkoli und Grünkohl viel Kalzium, aber die Aufnahme – im Fachjargon Bioverfügbarkeit genannt – ist weniger gut und kommt an Spitzenreiter wie den Hartkäse nicht heran.

Kalziumgehalt in ausgewählten Lebensmitteln

LEBENSMITTEL (JE 100 G)	GEHALT AN KALZIUM
Parmesan, 36 % Fett	1.178 mg
Emmentaler, 45 % Fett	1.029 mg
Gouda, 45 % Fett	820 mg
Edamer, 30 % Fett	800 mg
Mozzarella	632 mg
Mandeln	252 mg
Haselnüsse	226 mg
Gartenkresse	214 mg
Grünkohl	212 mg
Sojabohnen	201 mg
Sprotten	170 mg
Vollmilch, 3,5 % Fett	120 mg
Joghurt, 3,5 % Fett	120 mg
Fenchel	109 mg

Klebereiweiß und andere Reizstoffe

Eine glutenfreie Ernährung ist in den vergangenen Jahren zunehmend populär geworden, obwohl sie vermutlich für viele Menschen gar nicht notwendig wäre. Insbesondere Weizen steht seit Jahren in der allgemeinen Kritik, unseren Darm zu schädigen und auch mit ursächlich für ein Leaky Gut zu sein.

Glutensensitivität und Leaky Gut

Vorab: Getreidekörner beziehungsweise Weizen besteht zu etwa 70 Prozent aus Stärke. Der Eiweißanteil liegt in der Regel bei zehn bis zwölf Prozent. Das Klebereiweiß Gluten macht davon mit etwa 75 bis 80 Prozent den größten Anteil aus.

Zu den glutenhaltigen Getreidesorten gehören neben Weizen auch Roggen, Gerste, Dinkel, Khorasanweizen (Kamut), Einkorn, Emmer, Grünkern und Triticale – eine Kreuzung aus Roggen und Weizen. Wichtig: Hafer gilt als glutenfrei!

Gluten und Glutensensitivität

Beim Klebereiweiß Gluten handelt es sich um ein Stoffgemisch aus verschiedenen Eiweißmolekülen. Diese lassen sich grob in zwei Untergruppen einteilen: Gliadine und Glutenine. Bei einer Sensitivität reagieren Betroffene überempfindlich auf eine Glutenzufuhr. Mögliche Symptome sind Blähungen, Durchfälle und Erbrechen bis hin zu Appetitlosigkeit oder Gelenkschmerzen. Insbesondere die Eiweißgruppe der Gliadine steht im Verdacht, unerwünschte Immunreaktionen hervorzurufen und auch ein Leaky Gut zu begünstigen.

Zur Häufigkeit der Gluten-/Weizensensitivität gibt es bislang nur Schätzungen. Diese liegen zwischen einem und sechs Prozent der Bevölkerung, doch die Dunkelziffer ist wahrscheinlich sehr viel höher.

Bei Patienten und Patientinnen mit einem Leaky Gut wird vermutet, dass der Anteil derer, die auch eine Glutensensitivität aufweisen, höher ist als in der Normalbevölkerung. Im Zweifel kann ein Nahrungsmittelunverträglichkeitstest bei einem Arzt oder einer Ärztin mit Zusatzausbildung für Naturheilverfahren Klarheit verschaffen.

Viele verzichten jedoch auch auf Weizen oder beschränken ihren Weizenkonsum, ohne eine Unverträglichkeit zuvor ärztlich testen zu lassen. Sie gehen subjektiv davon aus, dass das Gluten wohl an ihrem Unwohlsein schuld ist. Einige, darunter auch viele Betroffene mit Leaky Gut, reagieren mit Beschwerden auf den Verzehr von Weizenbrot, aber auch Roggenmischbrot.

Empfehlung: Testen Sie vorsichtig aus, ob Sie Weizen und anderes Getreide vertragen beziehungsweise in welchen Mengen. Die bisherigen Studienergebnisse zeigen, dass kleine Mengen Gluten oder anderer Eiweiße vermutlich keine Probleme machen.

Zudem können Sie Brot und Brötchen sowie Nudeln, Kuchen und Kekse, Bier und Getreidekaffee gegen glutenfreie Alternativen austauschen. Hirse, Mais und Reis sind beispielsweise glutenfrei und gut verträglich. Weitere Austauschprodukte finden Sie in der folgenden Tabelle.

Gute Alternativen bei Glutensensitivität

GLUTENHALTIGE LEBENSMITTELGRUPPE	UNGEEIGNETE PRODUKTE	GEEIGNETE AUSTAUSCH-PRODUKTE
Brot, Backwaren, Nudeln, Mehle	Weizen, Roggen, Dinkel, Emmer, Gerste, Einkorn, Khorasanweizen, Grünkernkörner	Amaranth, Buchweizen, Hirse, Quinoa, Yamswurzel, Bananenmehl, Kartoffelmehl, Kastanienmehl, Kokosmehl, Maismehl, Reismehl, Kichererbsenmehl
Fleisch und Fisch	Zubereitungen mit Weißmehlpanade, Backfisch	selbstgemachte Panade aus Mais- oder Reisstärke plus Kokosmehl im Verhältnis 1:1
Getränke	Pils, Weizenbier, Malzkaffee, Getreidekaffee	Bier auf Reis- und Erbsenbasis

Tipp: Heute ist das Angebot an glutenfreien Broten sehr groß. Wichtig zu wissen, wenn man selbst backen möchte: Hefe – egal ob Trockenhefe oder Frischhefe – ist grundsätzlich glutenfrei.

Mittlerweile tragen auch alle Backpulvertütchen eine durchgestrichene Ähre als Symbol beziehungsweise lässt die Zutatenliste erkennen, dass Backpulver glutenfrei ist. Viele Lebensmittel tragen auch einen Hinweis: „Kann Spuren von Gluten enthalten“ oder „Kann Spuren von Weizen enthalten“ Diese Lebensmittel sind für Sie unbedenklich, wenn Sie keine nachgewiesene Zöliakie oder eine Weizenallergie haben.

Weizen – einer der Hauptübeltäter für Beschwerden im Darm!

Ähnliches gilt, wenn in der Zutatenliste des tiefgekühlten Gemüseproduktes erst als eines der letzten Inhaltsstoffe Weizen steht. Je weiter unten die Angabe zu finden ist, desto weniger Weizen steckt im Produkt, was in der Regel für eine eher glutenarme Ernährung und auch beim Leaky Gut geeignet ist.

Neue Forschung: Amylase-Trypsin-Inhibitoren In der Forschung wird diskutiert, dass womöglich gar nicht das im Getreide enthaltene Gluten für die Beschwerden verantwortlich ist, sondern die mit glutenhaltigen Produkten assoziierten sogenannten Amylase-Trypsin-Inhibitoren (ATIs) zu einer Aktivierung des angeborenen Immunsystems führen.

ATIs sind Eiweiße, die u. a. in glutenhaltigem Getreide wie Weizen stecken. Die Stoffe können das darmassoziierte Immunsystem triggern und Entzündungen vorantreiben, was chronisch entzündliche Krankheiten wie Rheuma oder einen Morbus Crohn verschlechtern kann.

Leider lässt sich eine ATI-Sensitivität bislang nicht im Labor nachweisen. Wer herausfinden möchte, ob er auf die Eiweiße sensibel reagiert, kann im Selbstversuch für einige Wochen auf Getreide verzichten. ATIs stecken neben Weizen auch in verwandten Sorten wie Roggen, Dinkel, Emmer, Gerste und Einkorn. Auch Getreidearten, die nicht mit dem Weizen verwandt sind, können ATIs enthalten: z. B. Buchweizen, Zwerghirse (Teff) oder Soja.

Ein guter Teig muss gehen

Auch die sogenannten Fruktane, unverdauliche Pflanzenstoffe im Weizen, könnten bei Menschen mit Leaky Gut Probleme machen, typisch ist ein Blähbauch. Bei gesunden Menschen wirken sie als gute Ballaststoffe und verursachen keine Beschwerden. Übrigens enthalten alle Getreidesorten, egal ob alte oder neue Sorten, ungefähr die gleiche Menge an Fruktanen.

Und doch gibt es einen Unterschied zwischen den Broten: Nach traditionellem Backhandwerk hergestellte Brote haben in der Regel eine lange Teigführung, in der die Bakterien aus Hefe oder Sauerteig die Fruktane nahezu vollständig abbauen.

Brot von industriellen Backstraßen – dazu zählt nicht nur das Supermarktbrot, sondern auch Brot von Bäckereiketten – hat eine äußerst kurze Gehzeit. Dem Teig sind Enzyme zugemischt worden, damit der Teig gut aufgeht. Die Fruktane jedoch werden nur unzureichend bis gar nicht abgebaut.

Auch beim Getreide sollten Sie also wie beim Zucker am besten einen Auslasstest von vier bis sechs Wochen machen und sich in dieser Zeit glutenfrei ernähren. Wenn es dabei zu keiner Besserung Ihrer Beschwerden kommt, können Sie davon ausgehen, dass Weizen oder andere Getreide nicht an Ihrem Leaky Gut schuld sind.

Mir ist bewusst, dass ich einiges an Spurensuche von Ihnen abverlange, aber wie heißt es so schön: „Probieren geht über Studieren." Im Fall des Leaky Gut lohnt sich das Ausprobieren individueller Verträglichkeit, um endlich wieder Ruhe im Bauch zu haben und langfristig beschwerdefrei zu werden. Im Rezeptteil finden Sie wieder über das entsprechende Symbol auf einen Blick alle glutenfreien Rezepte.

Ballaststoffe sind Trumpf

Eine glutenfreie Ernährung ist oft teurer und führt bei vielen zu einer ballaststoffarmen Ernährung, da glutenfreie Brote mit einem geringeren Ballaststoffanteil und einem höheren Anteil an Zucker gewählt werden. Auch beobachte ich bei meinen Patienten und Patientinnen immer wieder, dass zur Deckung des Energiebedarfs insgesamt mehr Süßes und auch fettreicher gegessen wird. Die Folge ist also eine mitunter sehr unausgewogene Ernährung.

Wissenschaftliche Studien belegen, dass insbesondere Ballaststoffe im menschlichen Organismus eine Vielfalt positiver Wirkungen entfalten. Die Deutsche Gesellschaft für Ernährung e. V. (DGE) empfiehlt Erwachsenen 30 Gramm Ballaststoffe täglich.

Generell wird in lösliche und unlösliche Ballaststoffe unterschieden. Die faserreichen Bestandteile von pflanzlichen Lebensmitteln gelangen unverdaut bis in den Dickdarm. Die unlöslichen wie Zellulose oder Lignin können mehr Wasser binden und quellen stärker auf. Sie fördern vor allem die Verdauung und finden sich reichlich in Kartoffeln, Blumenkohl oder Nüssen.

Lösliche Ballaststoffe und Leaky Gut

> Ballaststoffe sind die Leibspeise von gesunden Darmbakterien.

Lösliche Ballaststoffe dienen dem Mikrobiom als Nahrung und spielen vor allem in der Prävention ernährungsbedingter Krankheiten und auch beim Leaky Gut eine entscheidende Rolle.

Sie stecken z. B. in Obst und Getreideprodukten wie Hafer und Gerste. Zu nennen sind beispielsweise das Pektin in Äpfeln oder Zitrusfrüchten, Inulin, sogenannte Pflanzenexsudate (Gummi arabicum, Traganth), außerdem Samenschleime (Johannisbrotkernmehl, Guarkernmehl, Leinsamen, Flohsamen) und Meeresalgenextrakte (Alginsäure, Agar, Carrageen).

Die löslichen Vertreter unter den Ballaststoffen werden von unseren Darmbakterien fast vollständig zu kurzkettigen Fettsäuren abgebaut. Diese dienen wiederum der Darmschleimhaut als Energielieferant und halten die Barrierefunktion gegenüber schädlichen Keimen aufrecht.

Das heißt auch: Fehlen diese Ballaststoffe in der Ernährung, können keine kurzkettigen Fettsäuren und damit keine wichtigen Schutzstoffe für die Darmschleimhaut gebildet werden.

Zudem binden Ballaststoffe Wasser im Darm und sorgen so für ein erhöhtes Stuhlvolumen. Der Reiz auf die Darmwand regt die Darmbewegungen (Peristaltik) an, damit verkürzt sich die Verweildauer des Speisebreis im Darm. Nicht zuletzt wirkt sich eine gute tägliche Ballaststoffzufuhr nachweislich positiv auf den Blutdruck, den Cholesterin- und Blutzuckerspiegel aus.

Ungefähr die Hälfte des Tagesbedarfs sollte aus Getreideprodukten, die andere Hälfte aus Obst und Gemüse stammen. Diese Menge erreichen Sie problemlos, indem Sie fünf Portionen Obst und Gemüse beziehungsweise Hülsenfrüchte, eine Portion Getreideflocken (z. B. als Topping für das Müsli), zwei bis drei Scheiben Vollkornbrot und eine Portion Kartoffeln, Vollkornnudeln oder Naturreis auf Ihren Speiseplan setzen.

Tipp: Beim Getreide finden sich die Ballaststoffe vor allem in der Randschicht. Das erklärt, weshalb Vollkornerzeugnisse einen höheren Anteil haben als Lebensmittel aus sehr hellem Mehl.

Sie finden in der Tabelle Lebensmittelgruppen, die als sehr gute Ballaststoffquellen gelten. Die Beispiele zeigen die Spannbreite des Ballaststoffgehalts innerhalb einer Lebensmittelgruppe.

Ballaststoffgehalt verschiedener Lebensmittelgruppen

LEBENSMITTEL (JE 100 g)	GEHALT AN BALLASTSTOFFEN
Obst	1,4 g (Ananas) bis 4,7 g (Himbeeren)
Gemüse	1,2 g (Rettich) bis 4,8 g (Grünkohl)
Hülsenfrüchte (gekocht)	2,8 g (Linsen) bis 6,0 g (Kidneybohnen)
Brot	3,2 g (Weizenbrot) bis 8,9 g (Roggenvollkornbrot)
Nüsse, Samen, Kleie	6,3 g (Sonnenblumenkerne) bis 45,3 g (Weizenkleie)

Ein weiterer Vorteil: Ballaststoffreiche Lebensmittel müssen auch intensiver gekaut werden. Sie erhöhen das Volumen einer Mahlzeit, ohne Kalorien zu liefern. Da sie den Magen stark dehnen, kommt es zur Ausschüttung des Sättigungshormons Ghrelin. Wenn wir reichliche Faserstoffe essen, sind wir also länger satt. Heißhunger wird vorgebeugt.

Schutz durch resistente Stärke

Resistente Stärke ist eine Form von Stärke, die im Dünndarm nicht verdaut wird und deshalb ebenfalls zu den Ballaststoffen zählt. Wie bereits beschrieben, bauen spezielle Darmbakterien lösliche Ballaststoffe und resistente Stärke zu kurzkettigen Fettsäuren ab, die einen nachhaltigen Gesundheitsschutz für unsere Darmzellen entfalten.

Resistente Stärke gibt es mittlerweile als medizinisches Produkt zu kaufen. Da sie sich jedoch auch über eine gesunde Ernährung ausreichend zuführen lässt, bevorzuge ich die entsprechende Berücksichtigung stärkehaltiger Lebensmittel im täglichen Küchenalltag.

Eine besonders einfache Möglichkeit sind Kartoffeln oder Reis vom Vortag: Kühlen gekochte, stärkehaltige Lebensmittel wie Kartoffeln, Reis oder Nudeln ab, entsteht resistente Stärke. Auch bei einem erneuten Erwärmen der Speisen bleibt die Stärke erhalten.

Natürliche Quellen für resistente Stärke

- Grob vermahlene oder ganze Getreidekörner, z. B. im Vollkornbrot
- Abgelagertes und getoastetes Brot
- Hülsenfrüchte und rohes Gemüse
- Unreife, grüne Bananen
- Gekochte und abgekühlte, stärkehaltige Lebensmittel, z. B. Kartoffeln, Reis, Mais und Nudeln
- Aufwärmen z. B. von Linsen- oder Gemüseeintöpfen mit Kartoffeln

Nicht histaminarm, aber histamin-bewusst

Durch die geschädigte Darmschleimhaut kann man davon ausgehen, dass weniger Diaminooxidase (DAO) – das Enzym, das Histamin abbauen kann – gebildet wird (siehe Seite 35). Gleichzeitig wird durch die gestörte Darmbarriere auch mehr Histamin gebildet und es können zudem mehr histaminbildende Bakterien vorliegen.

Der Histaminanteil, der durch diese drei Fehlfunktionen beim Leaky Gut entsteht, ist also um ein Vielfaches höher als der normale Histamingehalt im täglichen Essen bei Gesunden.

Hauptnahrungsquellen vermeiden

Es macht allerdings keinen Sinn, sich mit der sprichwörtlichen Lupe auf die Suche von Histamin in Lebensmitteln zu machen. Lassen Sie einfach die Hauptnahrungsquellen von Histamin weg (siehe Tabelle). Und verzichten Sie generell auf Alkohol in jeglicher Form.

> Histaminarm heißt, dass Sie frische Lebensmittel wie Obst und Gemüse, aber auch Fleisch, Fisch und Milchprodukte sowie Brot, Nudeln, Kartoffeln und Reis gut vertragen.

Neben einem bewussten Umgang mit den größten Histaminquellen sowie dem Verzicht auf Alkohol kann Ihnen aus naturheilkundlicher Sicht auch Heilerde (siehe Seite 40) und die Einnahme von Diaminooxidase (als Nahrungsergänzungsmittel frei verkäuflich) vermutlich besser helfen als eine streng histaminarme Ernährung.

Anzumerken ist zudem, dass der Histamingehalt in Lebensmitteln sehr stark von äußeren Faktoren abhängig ist: Herkunft, Reifegrad, Verarbeitung, Lagerung und so weiter. Durch diese Parameter schwankt der Wert auch gleicher Produkte mitunter sehr stark. Das ist der Grund, warum man mittlerweile davon abgekommen ist, Histaminwerte für Nahrungsmittel anzugeben.

Ich habe aus demselben Grund in der folgenden Lebensmittelliste keine Werte genannt, sondern Ihnen allgemein die Lebensmittelgruppen aufgeführt, die sehr häufig Beschwerden auslösen.

Bedenken Sie bei alledem: Wenn Sie nach einem ca. sechswöchigen Auslassversuch der in der Liste gesammelten Produkte feststellen, dass keine Besserung eintritt, lässt sich vermutlich über die Ernährung keine Besserung einer bestehenden Histaminintoleranz erreichen.

Vorsicht histaminreiche Lebensmittel!

- alkoholische Getränke, vor allem Rotwein (je nach Sorte und Herstellung, im Holzfass gereifte Weine haben teilweise höhere Gehalte als Weine aus Edelstahltanks)
- Fischkonserven, geräucherter Fisch
- Käse, insbesondere lang gereifte Sorten (z. B. Appenzeller, Schweizer, Emmentaler und Parmesan) und Rotschmierkäse (z. B. Munster- und Romadurkäse)
- Schokolade, kakaohaltige Lebensmittel
- Salami, Rohwürste, Rohschinken
- Nüsse (z. B. Cashewnüsse und Walnüsse)
- Sauerkraut
- Erdbeeren und reife Bananen (grüne Bananen werden oft gut vertragen)
- Tomaten in konzentrierter Form (Tomatenmark, Tomatenketchup)

In der Ernährungsberatung sind viele Patienten und Patientinnen unglücklich, dass sie laut der herkömmlichen Histaminlisten, die in etlichen Broschüren und Büchern zu finden sind, weder Spinat noch Tomaten essen dürfen. In solchen Fällen bestärke ich immer, diese Produkte zu probieren – vor allem, wenn sie zu den Lieblingsspeisen gehören. Sie können darauf achten, ob Sie körperlich eine Veränderung feststellen. Dies ist aber selten der Fall und häufig werden kleine Mengen auch von empfindlichen Menschen gut toleriert. Im Rezeptteil dieses Buches sind histaminarme Rezepte entsprechenden gekennzeichnet.

Pflanzliche Öle sind Balsam für den Darm

Die Wirkung von Nahrungsfetten wie mehrfach ungesättigten Omega-3-Fettsäuren auf das Darmmikrobiom ist bisher nur wenig erforscht. Doch die vorhandenen Studiendaten zeigen positive Veränderungen hinsichtlich der Bakterienzusammensetzung nach einer gezielten Nahrungsergänzung.

Omega-3-Fette bevorzugen

Ohne Fett läuft also nichts wie geschmiert. Gute Quellen, um den Darm und den Körper mit Omega-3-Fettsäuren zu versorgen, sind Rapsöl, Leinöl und Walnussöl. Eigelb, Avocado, Nüsse (insbesondere Walnüsse) und Saaten wie Leinsamen vervollständigen den Speiseplan.

Auch wenn Olivenöl kaum Omega-3-Fettsäuren enthält, scheint die darin hauptsächlich vorkommende Ölsäure (eine Omega-9-Fettsäure) ebenfalls einen guten Einfluss auf die Darmschleimhaut zu haben.

Weidebutter bekommt dem Darm nicht nur gut, sondern enthält im Vergleich zu anderen tierischen Fetten eine große Menge an Omega-3-Fettsäuren.

Bei Margarine wird oft ein Produkt gewählt, das gehärtete oder teilgehärtete Fettsäuren enthält. Diese Fettsäuren wiederum stören die Darmbalance stark und sind nicht zu empfehlen.

Seefisch kommt eine besondere Rolle zu

Generell wird den Omega-3-Fettsäuren aus Fisch eine besondere Rolle im Heilungsprozess von Entzündungsprozessen im Körper zugewiesen. So wird auch vermutet, dass Omega-3-Fettsäuren eine antientzündliche Wirkung auf das Leaky Gut haben.

Empfehlung: Wöchentlich zwei Portionen Seefisch, am besten Lachs aus biologischen Aquakulturen, ergänzen einen bunten Speiseplan optimal. Oliven- und Rapsöl sowie Leinöl und Walnussöl sind gute Lieferanten für Omega-3-Fettsäuren.

So klappt die Umstellung im Alltag

Zugegebenen: Die vielen Informationen, die ich Ihnen bis hierhin zusammengestellt habe, lassen sich je nach Lebenssituation nicht immer einfach im Alltag umsetzen. Legen Sie deswegen kurz das Buch zur Seite und denken Sie für einige Minuten darüber nach, was für ein Esstyp Sie sind.

Versuchen Sie dabei, Ihr Essverhalten nicht zu bewerten, gut oder schlecht zu finden. Was sagen vielleicht andere in der Familie oder in Ihrem Bekanntenkreis über Ihr Essverhalten? Was ist Ihnen selbst schon oft aufgefallen, ohne dass Sie diesen Gedanken weiterverfolgt haben? Womöglich snacken Sie viel, trinken sehr viel Kaffee oder verzehren hauptsächlich Fertigprodukte. Am besten schreiben Sie alles, was Ihnen in den Sinn kommt, auf einen kleinen Zettel.

Schreiben Sie Ihre guten Vorsätze auf einen Zettel.

Als Nächstes überlegen Sie, was Sie gerne an Ihrem Essverhalten ändern möchten. Sie sind Ihre beste Essexpertin und Ihr bester -experte. Schreiben Sie auch diese Vorsätze auf den Zettel.

Beispiel: Bei einem Leaky Gut kann es sehr sinnvoll sein, weniger Fertigprodukte zu essen und möglichst viel selbst zu kochen und zu backen. Wie schon beschrieben, haben auch vermeintlich „gesunde“, glutenfreie Produkte nicht selten sehr viele Zusatzstoffe, die den Darm irritieren können.

Der Rezeptteil in diesem Buch hilft Ihnen, den wichtigen Ansatz des Selberkochens in die Tat umzusetzen. Sie werden feststellen, dass sich allein dadurch womöglich das ein oder andere störende Essphänomen auf Ihrem Zettel in wenigen Wochen ganz von alleine erledigt.

Vielleicht hat Ihnen auch Ihr Arzt oder Ihre Ärztin geraten, dass Sie sich glutenfrei, laktosefrei, fruktosearm oder histaminarm ernähren sollen. Sie finden in diesem Buch 77 Rezeptideen, die Ihnen dabei helfen. Natürlich können alle Inhalte dieses Ratgebers nur ein Angebot sein und stellen einen kleinen Auszug der umfassenden Möglichkeiten einer komplexen Ernährungstherapie dar. Gerade den Einstieg möchte ich Ihnen aber mit diesem Ratgeber erleichtern.

Mein individueller Ernährungsplan

Eine erste Orientierung, was in den unterschiedlichen Situationen für Ihr Frühstück, Mittag- und Abendessen generell geeignet ist, finden Sie in der Tabelle. In der ersten Spalte sehen Sie womöglich keine Änderungen zu Ihrem alltäglichen Essverhalten. Mit dem Ernährungsplan können Sie aber dafür sorgen, dass Sie wirklich täglich ein Sauermilchprodukt, z. B. einen Naturjoghurt, essen.

Falls für Sie der Gedanke, morgens keinen Kaffee zu trinken, unvorstellbar ist, dann gestehen Sie sich ein bis drei Tassen am Tag zu. Wie Sie diese in Ihren Tagesablauf einbauen, dürfen Sie entscheiden.

Sie sehen auch, dass Sie Vollkornbrot anstelle von Weißmehlprodukten verwenden und viel Gemüse und auch Obst essen sollten. Mit dieser kleinen Alltagshilfe denken Sie auch daran, hochwertiges Öl und Butter statt Margarine zu verwenden. Fertigprodukte, Fastfood und viel Zucker gehören nicht regelmäßig auf den Tisch.

Wer unter einem Leaky Gut leidet, tut sich Gutes, indem er seine Lebensmittel achtsam auswählt und sich Zeit für deren Zubereitung nimmt.

Für eine Ernährung bei Leaky Gut heißt das z. B. mit Blick auf Ihren Zuckerkonsum: Wenn Sie einmal eingeladen sind, dann dürfen Sie zum Kaffee auch ein Stück Kuchen essen. Salopp gesagt wird der darin enthaltene Zucker nicht gleich Ihren Darm lahmlegen. „Alles mit Maß und Ziel“, sagt schon der Volksmund.

Wenn Sie sich histamin- und fruktosearm sowie laktosefrei ernähren müssen, sehen Sie anhand der zweiten Spalte, dass eine entsprechende Umstellung auch durch die gut verfügbaren laktosefreien Produkte relativ einfach möglich ist.

Es besteht übrigens keine Notwendigkeit, die Laktosezufuhr ganz auf den Wert Null zu drücken. Oft ist es nur eine Frage der Menge und des achtsamen Umgangs mit den Lebensmitteln: Butter oder auch ein Stück Vollmilchschokolade werden z. B. in der Regel problemlos vertragen. Ein großes Glas Milch mit mehr als zehn Gramm Laktose ist dagegen für viele mit Beschwerden verbunden.

Eine fruktosearme Ernährung ist insbesondere mit Blick auf die kleinen Snacks im Alltag schwieriger, da der übliche Haushaltszucker zu 50 Prozent aus Fruktose (siehe Seite 50) besteht. Süßigkeiten und selbst kleine Müsliriegel haben meistens schon mehr Fruktose als ein Stück Obst. Entsprechend werden Sie von den allgemeinen Empfehlungen in Ihrer alltäglichen Essensstruktur profitieren. Ähnliches gilt für die glutenfreie Ernährung und die dazugehörigen Basics in Spalte drei.

Ernährung leicht gemacht: Allgemeine Empfehlungen

FÜR EINE AUSGEWOGENE ERNÄHRUNG OHNE EINSCHRÄNKUNGEN	FÜR EINE HISTAMIN- UND FRUKTOSEARME SOWIE LAKTOSEFREIE ERNÄHRUNG	FÜR EINE GLUTENFREIE ERNÄHRUNG
Frühstück		
2 Tassen Kräutertee		
150–200 g Naturjoghurt, 3,5 % Fett	150–200 g laktosefreier Naturjoghurt, 3,5 % Fett	150–200 g Naturjoghurt, 3,5 % Fett
50 g Haferflocken		
1 TL Leinsamöl		
1 Stück Obst	80 g Beerenfrüchte, z. B. Himbeeren*	1 Stück Obst
Snacks am Vormittag		
Mineralwasser		
1 Scheibe Vollkornbrot	1 Scheibe Vollkornbrot	1 Scheibe glutenfreies Brot
Butter		
30 g Doppelrahmfrischkäse	1 Scheibe Edamer	1 Scheibe Bergkäse
Mittagessen		
Mineralwasser Gemüse** (zwei Drittel des Tellers) Fleisch, Fisch, Tofu oder Hülsenfrüchte, Eier Vollkornreis, Hirse, Kartoffeln		
Snacks am Nachmittag		
Mineralwasser		
100 g Quark	100 g laktosefreier Quark	100 g Quark
1 Stück Obst	1 Stück Obst*	1 Stück Obst
Abendessen		
Mineralwasser		
2 Scheiben Vollkornbrot	2 Scheiben Vollkornbrot	2 Scheiben glutenfreies Brot
Butter		
50 g Hüttenkäse	50 g laktosefreier Hüttenkäse	50 g Hüttenkäse
1 Tomate oder Paprika		
* keine Erdbeeren, keine Bananen ** kein Sauerkraut		

Oft lese ich in der Fachliteratur, dass es unter einer fruktose- und histaminarmen beziehungsweise gluten- und laktosefreien Ernährung zu einem Mangel an bestimmten Nährstoffen kommt. Ich habe Zweifel, ob dies wirklich an den individuellen Einschränkungen liegt oder nicht generell daran, dass infolgedessen auch auf andere Nahrungsmittel verzichtet wird, obwohl das gar nicht erforderlich ist.

Richtig essen beim Leaky Gut läuft nicht nach einem Musterplan, sondern ist ein individuelles Konzept.

Dazu ein Beispiel: Viele Patienten oder Patientinnen, die auf Laktose verzichten wollen oder müssen, trinken häufig nur noch Ersatzmilchprodukte. Parallel fehlen wichtige alternative Kalziumquellen, sodass eventuell eine Unterversorgung resultiert. Andere verzichten bei einer glutenfreien Ernährung gänzlich auf Brot beziehungsweise gute Vollkornprodukte, was die Ballaststoffaufnahme drastisch reduzieren kann. Ich möchte Ihnen vermitteln, dass in der Regel ein totaler Verzicht ebenso wenig zielführend ist wie Konsum im Übermaß.

Sie möchten sich dennoch frei von allen möglicherweise beschwerdeauslösenden Lebensmitteln ernähren? Das dürfen Sie bei einem Leaky Gut gerne testen, aber bitte legen Sie zuvor einen Zeitraum für die Ernährungsumstellung fest. Ideal sind sechs Wochen Auslassversuch.

In diesem Zeitraum protokollieren Sie bitte, was Sie gegessen haben und gegebenenfalls welche Lebensmittel in welcher Menge welche Beschwerden gemacht haben. Es ist möglich, dass sich innerhalb beziehungsweise nach der Testphase herausstellt, dass Sie durch die Ernährungsumstellung (fruktosearm, laktosefrei, glutenfrei, histaminarm) keinerlei Besserung erfahren. Bitte verzweifeln Sie nicht. Ich erlebe diese Situation in meiner Praxis immer wieder.

Machen Sie sich bewusst, dass die gesunde Ernährung eine von mehreren Säulen eines insgesamt gesunden Lebensstils darstellt, die sich auf viele verschiedene Prozesse in unserem Organismus positiv auswirkt. Zusätzlich hilft im Einzelfall aber vielleicht auch ein ganzheitlicher Blick auf Ihre aktuelle Lebenssituation. Einflussfaktoren, die wahrscheinlich ein Leaky Gut begünstigen, sind beispielsweise auch Stress oder eine Medikamenteneinnahme.

Sollten Sie feststellen, dass Ihnen die Ernährungsumstellung gute Dienste leistet, heißt dies nicht, dass Sie dauerhaft so streng alles einhalten müssen oder sollen. Nach der sechswöchigen Testphase können Sie beginnen, kleine Mengen zuvor ausgelassener Lebensmittel wieder zu konsumieren. Bleiben Sie probierfreudig und finden Sie heraus, mit welchen Mengen Ihr Darm dauerhaft zurechtkommt.

77 REZEPTE FÜR EINEN GESUNDEN DARM

Für einen gesunden Darm sind drei bis fünf stressfreie Mahlzeiten am Tag wichtig. Mit den hier vorgestellten Rezepten möchte ich Sie für eine möglichst abwechslungsreiche Küche begeistern. Alle Rezepte enthalten natürliche Lebensmittel, auch der Ballaststoffgehalt ist unter den Nährwerten ausgewiesen. Neben ausgewählten Frühstücksrezepten finden Sie Hauptgerichte, kleinere Mahlzeiten und auch Ideen für Kuchen, Kekse oder Desserts. Süßes ist zwar nicht für den täglichen Speiseplan gedacht, darf jedoch als Seelentröster und Teil unserer Esskultur ab und an genossen werden.

Folgende Symbole bei den Rezepten zeigen Ihnen, ob Sie zu Ihrer Ernährung bei Leaky Gut passen:

- fruktosearm f
- laktosefrei l
- glutenfrei oder -arm g
- histaminarm h

BUNTE FRÜHSTÜCKE: WARM UND KALT

Porridge mit Blaubeeren

f l g h

Zubereitungszeit: 15 Minuten

Eine Portion enthält:
135 Kilokalorien (560 Kilojoule), 5 g Eiweiß, 6 g Fett, 14 g Kohlenhydrate, 4 g Ballaststoffe

Zutaten für 1 Person

5 EL glutenfreie Haferflocken, blütenzart
¼ TL Zimt, gemahlen
200 ml Hafermilch
100 ml Wasser
1 Prise Salz
1 TL Reissirup
60 g Blaubeeren
1 EL gehackte Mandeln

Zubereitung

1 Haferflocken und Zimt kurz in einem kleinen Topf anrösten. Hafermilch und Wasser dazugeben, gut umrühren.

2 Porridge vom Herd ziehen, sobald er aufkocht, und noch ca. 5 Minuten quellen lassen. Salzen und nach Belieben mit etwas Reissirup süßen.

3 Die Blaubeeren waschen und verlesen. Zusammen mit den gehackten Mandeln über den Porridge streuen. Alternativ können Sie zuvor auch die Mandeln in einer Pfanne ohne Fett rösten.

TIPP FÜR DIE SCHNELLE KÜCHE

Mandeln sind kleine Energiebomben, die viel Eiweiß enthalten. Sie können auch in größeren Mengen angeröstet und in einem Schraubglas im Kühlschrank aufbewahrt werden. Streuen Sie bei Bedarf einen Löffel über Müsli und Porridge oder auch Gemüse und Suppen.

Birchermüsli

l g h

Zubereitungszeit: 15 Minuten
Quellzeit: 12 Stunden

Eine Portion enthält:
415 Kilokalorien (1.730 Kilojoule), 15 g Eiweiß, 17 g Fett, 48 g Kohlenhydrate, 7 g Ballaststoffe

Zutaten für 1 Person

4 EL glutenfreie Haferflocken, blütenzart
1 EL Mandelstifte
150 ml laktosefreie Milch
1 säuerlicher Apfel, z. B. Boskop
1 TL Zitronensaft, frisch gepresst
50 g laktosefreier Naturjoghurt, 1,5 % Fett
1 TL Leinöl
Reissirup, nach Belieben

Zubereitung

1 Haferflocken, Mandeln und Milch in einen gut verschließbaren Behälter geben und vorsichtig durchschütteln. Die Mischung über Nacht mindestens 12 Stunden im Kühlschrank quellen lassen.

2 Am nächsten Morgen den Apfel schälen, entkernen und auf die Müslimischung reiben. Zusammen mit dem Zitronensaft gut unterrühren. Joghurt und Leinöl auf das Müsli geben und direkt servieren.

3 Wer das Birchermüsli süßer haben möchte, kann etwas Reissirup zugeben.

Hafermüsli mit veganem Joghurt

l g h

Zubereitungszeit: 15 Minuten

Eine Portion enthält:
340 Kilokalorien (1.420 Kilojoule), 14 g Eiweiß, 9 g Fett, 50 g Kohlenhydrate, 7 g Ballaststoffe

Zutaten für 1 Person

5 EL Haferflocken, blütenzart
1 TL Mandeln
1 EL Cranberry, getrocknet
10 Himbeeren
30 g Blaubeeren
150 g veganer Naturjoghurt, z. B. Kokos oder Mandel

Zubereitung

1 Haferflocken, Mandeln und die Cranberrys in ein Müslischälchen geben.

2 Die frischen Himbeeren und Blaubeeren waschen und putzen. Früchte und Joghurt zum Müsli dazugeben, verrühren und genießen.

Himbeer-Zimt-Granola mit weißen Schokostückchen

f l g

Zubereitungszeit: 25 Minuten
Backzeit: 15 Minuten

Eine Portion enthält:
210 Kilokalorien (870 Kilojoule), 7 g Eiweiß, 13 g Fett, 15 g Kohlenhydrate, 4 g Ballaststoffe

Zutaten für 15 Personen

- 5 EL Kokosöl
- 250 g glutenfreie Haferflocken, blütenzart
- 50 g Mandeln, gemahlen
- 4 EL Sonnenblumenkerne
- 4 EL Kürbiskerne
- 2 EL Pekannüsse
- 1 Handvoll Cashewkerne
- 4 EL Leinsamen, geschrotet
- 3 EL Mandelmus
- 1 Prise Salz
- ½ TL Zimt, gemahlen
- 50 g Himbeeren, getrocknet
- 50 g Amaranth, gepufft
- 100 g vegane weiße Schokolade, gehackt

Zubereitung

1 Den Backofen auf 175 °C vorheizen und ein Backblech mit Backpapier auslegen.

2 Das Kokosöl in einem kleinen Topf schmelzen, währenddessen alle anderen Zutaten – bis auf Himbeeren, Amaranth und weißer Schokolade – in einer Schüssel vermischen.

3 Die gut durchgemengte Mischung gleichmäßig auf dem Backblech verteilen und andrücken. Das Granola im unteren Ofendrittel ca. 15 Minuten backen, bis es goldbraun und knusprig ist.

4 Das fertige Granola auf dem Backblech vollständig auskühlen lassen, danach in Stücke brechen oder zwischen den Händen in die gewünschte Größe zerreiben.

5 Die Himbeernibs, Amaranth und die weiße Schokolade locker untermischen.

VARIANTE

Statt getrockneter Himbeeren können Sie auch anderes Trockenobst verwenden, allerdings steigt damit auch der Fruktosegehalt. Das Granola hält sich luftdicht verpackt, am besten in einem Glas oder in einer Plastikdose, für einige wenige Wochen im Kühlschrank.

Very british: Lemon Curd

f l g h

Zubereitungszeit: 15 Minuten

Eine Portion enthält:
470 Kilokalorien (1.970 Kilojoule), 8 g Eiweiß, 23 g Fett, 57 g Kohlenhydrate, 0 g Ballaststoffe

Zutaten für 3 Schraubgläser (je 200 ml)

- 150 ml Zitronensaft, frisch gepresst
- 200 g Reissirup
- 3 Bioeier, Größe M
- 1 TL Maisstärke
- 60 g laktosefreie Butter

Zubereitung

1 Für den Zitronensaft benötigen Sie ca. 4 Zitronen: 150 ml auspressen und zusammen mit dem Reissirup, den Eiern und der Stärke in einem Standmixer zu einer homogenen Flüssigkeit mixen.

2 Die fertige Zitronenmasse in einen Topf geben und die Butter gewürfelt dazugeben. Das Ganze unter Rühren für ca. 20 Sekunden vorsichtig aufkochen, bis das Lemon Curd einzudicken beginnt und eine cremige Konsistenz hat.

3 Das Lemon Curd noch heiß in die vorbereiteten Gläser füllen. Danach abkühlen lassen und im Kühlschrank verwahren. Zügig innerhalb ein bis zwei Wochen aufbrauchen.

TIPP ZUR TEATIME

Lemon Curd gehört ähnlich der Orangenmarmelade zu den traditionellen englischen Brotaufstrichen. Klassisch wird er mit Toastbrot oder Scones zum Nachmittagstee serviert. Ebenfalls traditionell ist die Verwendung als Füllung für Torten, z. B. für das Lemon Meringue Pie – einer flachen Torte aus Lemon Curd mit einer Baiserhaube.

Buchweizenpancakes mit Heidelbeeren

f l g

Zubereitungszeit: 15 Minuten

Eine Portion enthält:
130 Kilokalorien (550 Kilojoule), 3 g Eiweiß, 6 g Fett, 15 g Kohlenhydrate, 2 g Ballaststoffe

Zutaten für 12 Stück

- 130 g Buchweizenmehl
- 20 g Kichererbsenmehl
- 70 g glutenfreie Haferflocken, blütenzart
- 1 EL Backpulver
- 1 Prise Salz
- 225 ml laktosefreie Milch
- 1 Bioei
- 3 EL Rapsöl
- 2 Handvoll Beerenfrüchte, nach Belieben
- 4 EL Haselnüsse, gehackt

Zubereitung

1 Buchweizenmehl, Kichererbsenmehl, Haferflocken, Backpulver und Salz in eine Schüssel geben und gut mischen. Die Milch, das Ei und 2 EL Öl hinzufügen und alles gut durchrühren. Wer optisch keine dunklen Pancakes mag, kann übrigens auch eine helle, glutenfreie Mehlmischung verwenden.

2 Das restliche Öl in einer Pfanne erhitzen. Den Teig in kleinen Häufchen in die Pfanne geben und die Pancakes von beiden Seiten goldbraun backen.

3 Die fertigen Pancakes noch warm mit den Beerenfrüchten und Haselnüssen anrichten.

Quinoa-Knuspermüsli mit Kokos

f l g

Zubereitungszeit: 25 Minuten
Backzeit: 20–25 Minuten

Eine Portion enthält:
220 Kilokalorien (920 Kilojoule), 6 g Eiweiß, 11 g Fett, 26 g Kohlenhydrate, 4 g Ballaststoffe

Zutaten für 10 Personen

300 g Quinoa
100 g glutenfreie Haferflocken, zart
50 g Hirseflocken
50 g Mandeln, gehackt
50 g Kokosflocken
60 g natives Kokosöl
50 g Reissirup
50 g Quinoaflocken
getrocknete Bananenchips, nach Belieben

TIPP FÜR NASCHKATZEN

Damit das Knuspermüsli noch mehr Biss bekommt, gebe ich gerne etwa 100 g Sojaflocken hinein. Sie liefern besonders viel Eiweiß und weniger Kohlenhydrate als andere Flocken. Im Geschmack sind sie leicht nussig und haben einen härteren Biss. Ich kaufe Sie nur als Bioware, um die gentechnisch veränderten Bohnen zu umgehen.

Zubereitung

1 Den Backofen auf 175 °C vorheizen und ein Backblech mit Backpapier auslegen.

2 Die gewaschene Quinoa, Haferflocken, Hirseflocken, Mandeln und Kokosflocken in eine Rührschüssel geben und gut vermischen.

3 Das Kokosöl bei niedriger Temperatur langsam schmelzen und den Reissirup unterrühren. Die vorbereitete Flüssigkeit über die Flockenmischung gießen und alles gründlich vermengen. Alle Zutaten sollten mit dem Öl benetzt sein.

4 Die Müslimischung gleichmäßig auf dem Backblech verteilen und andrücken. Im unteren Ofendrittel 20–25 Minuten backen, bis das Müsli goldbraun und knusprig ist.

5 Während der Backzeit ein- bis zweimal durchmengen, damit alles gleichmäßig bräunt. Danach das Müsli vollständig auf dem Backblech auskühlen lassen und zum Schluss die Quionaflocken unterheben. Das fertige Müsli in einen luftdichten Behälter füllen und innerhalb weniger Wochen verbrauchen.

Toast mit Himbeermus

f l g

Zubereitungszeit: 15 Minuten

Eine Portion enthält:
290 Kilokalorien (1.220 Kilojoule), 7 g Eiweiß, 16 g Fett, 30 g Kohlenhydrate, 5 g Ballaststoffe

Zutaten für 1 Person

- 50 g Himbeeren, frisch oder tiefgekühlt
- 2–3 Blättchen Minze
- 1 Prise Zimt, gemahlen
- 1 TL Reissirup
- 2 Scheiben glutenfreier Toast
- 5 g laktosefreie Butter
- 1 EL Pistazien, gehackt

Zubereitung

1 Die Himbeeren abbrausen, trockentupfen beziehungsweise auftauen und mit einer Gabel zerdrücken. Die Minze fein hacken und unter die Beeren mischen. Das Mus mit Zimt und Reissirup abschmecken.

2 Die Toastbrotscheiben toasten, dünn mit Butter und dem Himbeermus bestreichen. Als Topping mit den Pistazien bestreuen.

Erdbeershake

f l g

Zubereitungszeit: 15 Minuten

Eine Portion enthält:
250 Kilokalorien (1.045 Kilojoule), 4 g Eiweiß, 15 g Fett, 24 g Kohlenhydrate, 7 g Ballaststoffe

Zutaten für 1 Person

- 200 g Erdbeeren
- 250 ml Kokosmilch
- 2 EL Kokosraspel
- 1 EL Reissirup
- ¼ Vanillemarkschote
- Eiswürfel, nach Belieben

Zubereitung

1 Die Erdbeeren waschen, putzen, trocken tupfen und mit allen weiteren Zutaten in einem Mixer pürieren. Statt Erdbeeren können Sie auch Bananen, Mango oder Ananas verwenden.

2 Den fertigen Shake mit einem Strohhalm servieren.

Powershake

f l g

Zubereitungszeit: 15 Minuten

Eine Portion enthält:
350 Kilokalorien (1.480 Kilojoule), 9 g Eiweiß, 21 g Fett, 32 g Kohlenhydrate, 6 g Ballaststoffe

Zutaten für 1 Person

½ Avocado
½ grüne Banane
250 ml Hafermilch
2 EL Carobpulver
1 EL Reissirup
1 Prise Zimt, gemahlen
Eiswürfel, nach Belieben

Zubereitung

1 Die Avocado halbieren, entsteinen und schälen. Die Banane ebenfalls schälen und in Stücke brechen.

2 Beides mit allen weiteren Zutaten in einen Mixer geben und pürieren. Wenn Sie nicht auf den Glutengehalt achten wollen oder müssen, könnten Sie auch Gerstenkaffee statt Carobpulver verwenden. Den fertigen Shake mit einem Strohhalm servieren.

TIPP FÜR SUPERFOODFANS: CAROB

Carob ist histaminarm und wird daher gerne als Ersatz für Kakaopulver verwendet. Außerdem ist er frei von Koffein, Theobromin, Gluten und Laktose. Carob wird aus den gerösteten und gemahlenen Schoten des Johannisbrotbaums gewonnen, der rund um das Mittelmeer wächst. Typisch ist der süße, karamellartige und malzige Geschmack.

Kräuterquark fürs Brot

f l g h

Zubereitungszeit: 10 Minuten

Eine Portion enthält:
110 Kilokalorien (470 Kilojoule), 10 g Eiweiß, 6 g Fett, 4 g Kohlenhydrate, 1 g Ballaststoffe

Zutaten für 1 Personen

- 250 g laktosefreier Quark, Magerstufe
- 100 g laktosefreier Naturjoghurt, 1,5 % Fett
- 2 EL Leinöl
- 5 EL gemischte Küchenkräuter, fein gehackt
- 1 Prise Salz
- schwarzer Pfeffer
- Radieschen- und Gurkenscheiben zum Garnieren
- Brunnenkresse zum Garnieren

Zubereitung

1 Quark mit Joghurt und Leinöl verrühren.

2 Die Kräuter untermischen, mit Salz und Pfeffer abschmecken. Nach Belieben mit Radieschen-, Gurkenscheiben und Brunnenkresse garnieren. Dazu passt dunkles, glutenfreies Brot.

Krabbenburger

f l g

Zubereitungszeit: 10 Minuten

Eine Portion enthält:
280 Kilokalorien (1.160 Kilojoule), 13 g Eiweiß, 11 g Fett, 31 g Kohlenhydrate, 2 g Ballaststoffe

Zutaten für 1 Person

- 4 Radieschen
- 50 g laktosefreier Hüttenkäse
- 30 g Nordseekrabben, gepult
- 1 Prise Salz
- schwarzer Pfeffer
- 1 glutenfreies Brötchen
- 10 g laktosefreie Butter

Zubereitung

1 Die Radieschen waschen, putzen und mit einer Gemüsereibe grob raspeln. Statt Radieschen können Sie auch Möhren oder Kohlrabi verwenden und raspeln.

2 Das Gemüse mit dem Hüttenkäse und den Krabben vermischen. Mit Salz und Pfeffer abschmecken.

3 Das Brötchen quer halbieren und zuerst mit der Butter, danach mit der Krabbenmasse bestreichen.

Herzhaftes Frühstücks-omelette

f l g

Zubereitungszeit: 25 Minuten

Eine Portion enthält:
390 Kilokalorien (1640 Kilojoule), 25 g Eiweiß, 30 g Fett, 7 g Kohlenhydrate, 3 g Ballaststoffe

Zutaten für 2 Personen

1 Zucchini
1 rote Spitzpaprika
2 Champignons
1 Scheibe gekochter Schinken, ca. 30 g
½ Zwiebel
2 EL Rapsöl
3 Bioeier, Größe M
60 g laktosefreier Gouda, gerieben
1 Prise Salz
schwarzer Pfeffer

Zubereitung

1 Zucchini und Paprika waschen, putzen und klein schneiden. Champignons mit einem Küchenkrepp abreiben und vierteln. Den gekochten Schinken klein schneiden. Die Zwiebel abziehen und fein hacken.

2 Rapsöl erhitzen und darin das Gemüse mit dem Schinken scharf anbraten.

3 Eier verquirlen und mit dem geriebenen Gouda dazugeben. Mit Salz und Pfeffer würzen und die Masse stocken lassen, von beiden Seiten leicht goldbraun braten. Dazu passt z. B. Vollkornbrot oder Kartoffelreste vom Vortag, die Sie unter das Omelette mischen.

Spinatomelette

f l g

Zubereitungszeit: 15 Minuten

Eine Portion enthält:
220 Kilokalorien (945 Kilojoule), 16 g Eiweiß, 17 g Fett, 3 g Kohlenhydrate, 1 g Ballaststoffe

Zutaten für 2 Personen

40 g Babyblattspinat
10 Basilikumblätter
4 Bioeier, Größe M
4 EL laktosefreie Milch, 3,5 % Fett
1 Prise Salz
schwarzer Pfeffer
1 EL natives Olivenöl extra
50 g Fetakäse, nach Belieben
30 g Speckwürfel, nach Belieben

Zubereitung

1 Spinat und Basilikum waschen und trocken schleudern. Die Eier mit der Milch verquirlen und kräftig mit Salz und Pfeffer würzen.

2 Das Öl in einer beschichteten Pfanne erhitzen und die Eiermasse hineingeben. Spinat und Basilikum darauf verteilen und die Masse stocken lassen.

3 Das Omelette wenden und beidseitig goldbraun braten. Nach Geschmack passen auch 50 g feingebröselter Feta oder 30 g fein gewürfelter Speck oder Schinken gut zum Spinatomelette – entweder in der Eiermasse verquirlt oder als Topping.

HAUPTGERICHTE: FLEISCH, FISCH UND VEGETARISCH

Überbackene Auberginen

f l g h

Zubereitungszeit: 30 Minuten
Backzeit: 45 Minuten

Eine Portion enthält:
530 Kilokalorien (2240 Kilojoule), 16 g Eiweiß, 35 g Fett, 39 g Kohlenhydrate, 7 g Ballaststoffe

Zutaten für 4 Personen

600 g Auberginen
800 g Kartoffeln, vorwiegend festkochend
700 g Fleischtomaten
1 Zwiebel
1 Knoblauchzehe
4 EL natives Olivenöl extra
1 Prise Salz
weißer Pfeffer
1 EL Oregano, getrocknet
5 EL Petersilie, gehackt
200 g laktosefreier Fetakäse

Zubereitung

1 Die Auberginen waschen, von den Stielansätzen befreien und der Länge nach in Stücke schneiden, diese nochmals teilen. Die Kartoffeln gründlich waschen und ebenfalls in Spalten scheiden.

2 Inzwischen die Tomaten über Kreuz einritzen, kurz mit kochendem Wasser überbrühen, abschrecken und enthäuten. Tomaten vierteln, dabei auch von den Stielansätzen befreien, entkernen und fein würfeln. Die Zwiebel und die Knoblauchzehe schälen und fein hacken.

3 Den Backofen auf 200 °C vorheizen. Eine Auflaufform mit etwas Olivenöl ausfetten.

4 Etwa 2 EL Öl in einer beschichteten Pfanne erhitzen, die Zwiebeln und den Knoblauch darin andünsten. Tomaten dazugeben und mit Salz, Pfeffer und Oregano würzen.

5 Nun die Tomatenmasse in die vorbereitete Auflaufform geben, danach die Auberginen- und Kartoffelstücke dicht nebeneinander daraufsetzen. 3 EL von der gehackten Petersilie darüber verteilen.

6 Den Feta in Streifen schneiden und auf dem Gemüse verteilen, abschließend mit dem restlichen Olivenöl beträufeln. Das Ganze etwa 45 Minuten auf der mittleren Schiene im Ofen backen und heiß in der Form servieren.

Brokkoli-Möhren-Auflauf im Hirsebett

f l g h

Zubereitungszeit: 1 Stunde
Backzeit: 30 Minuten

Eine Portion enthält:
650 Kilokalorien (2720 Kilojoule), 30 g Eiweiß, 37 g Fett, 49 g Kohlenhydrate, 10 g Ballaststoffe

Zutaten für 4 Personen

- 1 Stange Lauch
- 400 g Möhren
- 450 g Brokkoli
- 1 EL Rapsöl
- 200 g Hirse
- 2 TL Currypulver
- 500 ml klare Gemüsebrühe
- 1 EL laktosefreie Butter
- 5 Bioeier, Größe M
- 200 g laktosefreier Sauerrahm
- 1 Prise Salz
- schwarzer Pfeffer
- 120 g laktosefreier Gouda, mittelalt

Zubereitung

1 Den Lauch waschen, putzen und in Ringe schneiden. Die Möhren waschen, schälen und in Scheiben schneiden. Brokkoli waschen und putzen und in Röschen zerteilen.

2 Brokkoliröschen und Möhren etwa 8 Minuten in siedendem Wasser garen. Den Lauch die letzten 3 Minuten dazugeben. Danach das Gemüse auf ein großes Küchensieb geben und abtropfen lassen.

3 Jetzt das Öl in einem kleinen Topf erhitzen und darin die Hirse zusammen mit dem Currypulver andünsten. Mit der vorbereiteten Gemüsebrühe ablöschen und die Hirse zum Kochen bringen. Einmal aufkochen lassen, die Hitze reduzieren und etwa 25 Minuten weiter köcheln lassen.

4 Währenddessen den Backofen auf 200 °C vorheizen. Eine flache Auflaufform mit der Butter einfetten.

5 Die Eier mit der sauren Sahne verquirlen und kräftig mit Salz und Pfeffer abschmecken. Den Gouda reiben. Nun zuerst die Hirse und danach das Gemüse in die Auflaufform geben. Die Eiersahne darüber verteilen und den Auflauf abschließend mit Gouda bestreuen.

6 Auf mittlerer Schiene etwa 30 Minuten backen. Aus dem Ofen nehmen und heiß servieren.

Kichererbsen-Kürbis-Curry

f l g

Zubereitungszeit: 1 Stunde und 15 Minuten

Eine Portion enthält:
660 Kilokalorien (2707 Kilojoule), 18 g Eiweiß, 41 g Fett, 55 g Kohlenhydrate, 17 g Ballaststoffe

Zutaten für 4 Personen

40 g Ingwerwurzel
2 Knoblauchzehen
1 rote Chilischote
3 TL Kurkumapulver
3 TL Currypulver
1 Prise Salz
5 EL Rapsöl
4 rote Spitzpaprika
800 g Hokkaidokürbis
600 g Kichererbsen, aus der Dose
400 ml Kokosmilch, aus der Dose
Korianderblättchen und Kokoschips zum Garnieren

TIPP FÜR DEN HÜLSENFRÜCHTEVERZEHR

Ich kaufe ausschließlich getrocknete Hülsenfrüchte. Über Nacht lege ich sie in der sechsfachen Menge Wasser ein. Das Einweichwasser gieße ich morgens weg und gare dann mit frischem Wasser (ohne Zugabe von Salz) die Hülsenfrüchte im Schnellkochtopf. Die Garzeit verkürzt sich um die Hälfte. Meines Erachtens schmecken so Erbsen, Bohnen und Linsen viel besser und sind verträglicher. Eine Ausnahme bilden rote Linsen, die ich aufgrund ihrer kurzen Garzeit in einem ganz normalen Topf koche.

Zubereitung

1 Ingwer und Knoblauch schälen, grob zerkleinern und in einem Zerkleinerer ganz fein hacken. Chilischote waschen, putzen, die Trennwände und Kerne entfernen, die Schotenstücke grob in Streifen schneiden und zu den anderen Gewürzen geben.

2 Kurkuma, Curry, etwas Salz und 1 EL Rapsöl ebenfalls hinzugeben und alle Zutaten im Zerkleinerer zu einer Paste pürieren.

3 Paprika und Kürbis waschen und putzen: Paprika in dünne, kleine Streifen schneiden und den Kürbis würfeln. Die Kichererbsen in ein Küchensieb abgießen. Das zerkleinerte Gemüse in einem großen Topf mit der Gewürzpaste in dem restlichen Öl anbraten. Die Kichererbsen und die Kokosmilch dazugeben. Alles vermengen und 15 Minuten garen, sodass das Gemüse bissfest und die Kokosmilch eingedickt ist. Mit Salz nach Geschmack noch einmal würzen.

4 Mit frischem Koriander und Kokoschips garniert servieren.

Kartoffelgulasch mediterrane Art

f l g

Zubereitungszeit: 40 Minuten

Eine Portion enthält:
210 Kilokalorien (890 Kilojoule), 8 g Eiweiß, 3 g Fett, 35 g Kohlenhydrate, 6 g Ballaststoffe

Zutaten für 4 Personen

400 g Blattspinat
1 Prise Salz
300 g Tomaten
1 Knoblauchzehe
800 g Kartoffeln
1 EL natives Olivenöl extra
500 ml Hühnerbrühe
1 TL Oregano, getrocknet
Salz zum Abschmecken
schwarzer Pfeffer
Saft einer ½ Zitrone

Zubereitung

1 Spinat gründlich waschen, putzen und in wenig Salzwasser etwa 2 Minuten blanchieren, bis die Blätter zusammengefallen sind. Dann den Spinat gut ausdrücken und grob hacken.

2 Die Tomaten mit heißem Wasser überbrühen, abschrecken und häuten, ohne Kerne und Stielansätze das Fruchtfleisch würfeln.

3 Knoblauch schälen und fein hacken. Die Kartoffeln gründlich waschen, schälen und in 2 cm große Würfel schneiden.

4 Das Öl in einem Topf erhitzen. Den Knoblauch darin glasig dünsten. Kartoffeln dazugeben und mit der Brühe auffüllen.

5 Alles etwa 15 Minuten kochen lassen, bis die Kartoffeln bissfest sind, und mit dem Oregano würzen. In den letzten 3 Minuten den vorbereiteten Spinat und die Tomaten mitkochen lassen und zum Schluss das fertige Kartoffelgulasch mit Salz, Pfeffer und Zitronensaft abschmecken.

Zucchinirisotto

f l g h

Zubereitungszeit: 50 Minuten

Eine Portion enthält:
540 Kilokalorien (2240 Kilojoule), 15 g Eiweiß, 21 g Fett, 72 g Kohlenhydrate, 6 g Ballaststoffe

Zutaten für 4 Personen

500 g Zucchini
1 Zwiebel
2 Knoblauchzehen
3 EL natives Olivenöl extra
320 g Risottoreis
½ TL Rosmarin, gehackt
1 l klare Gemüsebrühe
2 EL laktosefreie Butter
1 Prise Salz
schwarzer Pfeffer
4 EL Bergkäse, gehobelt

Zubereitung

1 Die Zucchini waschen und in dünne Scheiben schneiden. Die Zwiebel und die Knoblauchzehen abziehen und fein hacken.

2 Das Olivenöl in einem Topf erhitzen und darin Zucchini, Zwiebel, Knoblauch und den Risottoreis 8 Minuten glasig dünsten. Mit Rosmarin würzen.

3 Alles mit 500 ml Gemüsebrühe ablöschen, die restliche Brühe nach und nach eingießen und unter ständigem Rühren die Flüssigkeit bei mittlerer Hitze einkochen lassen. Sobald der Reis bissfest ist, die Butter unterrühren und das Risotto mit Salz und Pfeffer abschmecken. Auf vier Tellern verteilen.

4 Bergkäse auf den vorbereiteten Portionen verteilen. Sofort servieren.

Wurzelgemüse aus dem Ofen

f l g h

Zubereitungszeit: 40 Minuten

Eine Portion enthält:
340 Kilokalorien (1430 Kilojoule), 7 g Eiweiß, 11 g Fett, 52 g Kohlenhydrate, 11g Ballaststoffe

Zutaten für 4 Personen

- 500 g Möhren
- 600 g Süßkartoffeln
- 100 g braune Champignons
- 200 g gelbe Zucchini
- 200 g Rote Bete, vakuumiert
- 4 EL natives Olivenöl extra
- 1 Prise Salz
- weißer Pfeffer
- Thymianzweige zum Garnieren

Zubereitung

1 Backofen auf 200 °C vorheizen. Möhren, Süßkartoffeln und Champignons waschen und putzen. Beim Wurzelgemüse 2 cm des Grüns an der Wurzel belassen, schälen und längs vierteln.

2 Süßkartoffeln schälen und ebenfalls längs in Streifen schneiden. Die Champignons halbieren und die Zucchini in Scheiben schneiden. Die Rote Bete abtropfen lassen und ebenfalls in Scheiben schneiden.

3 Alle Zutaten auf ein mit Olivenöl eingeöltes Blech legen und zusätzlich mit Öl beträufeln. Salzen und pfeffern. Das Ofengemüse auf mittlerer Schiene etwa 30 Minuten backen, zwischendurch einmal wenden.

4 Thymian waschen, teils die Blättchen von den Stielen zupfen und unter das Ofengemüse heben. Beim Servieren mit einigen Thymianzweigen garnieren.

Buchweizencrêpes mit Spinat-Feta-Füllung

f l g

Zubereitungszeit: 1 Stunde und 10 Minuten

Eine Portion enthält:
830 Kilokalorien (3460 Kilojoule), 37 g Eiweiß, 43 g Fett, 70 g Kohlenhydrate, 8 g Ballaststoffe

Zutaten für 4 Personen

- 1 kg Spinat
- 1 Zwiebel
- 2 Knoblauchzehen
- 6 EL natives Olivenöl extra
- 1 Msp. Kreuzkümmel
- 1 Prise Salz
- schwarzer Pfeffer
- 350 g Buchweizenmehl
- 450 ml laktosefreie Milch
- 2 Bioeier, Größe M
- ¼ TL Salz
- 1 Msp. Backpulver
- 300 g laktosefreier Fetakäse

Zubereitung

1 Für die Füllung den Spinat waschen, putzen und trocken schleudern.

2 Zwiebel und Knoblauch abziehen und fein hacken. 2 EL Öl erhitzen, die Zwiebel- und Knoblauchwürfelchen darin andünsten. Spinat hinzugeben und mitdünsten, bis er zusammengefallen ist. Mit Kreuzkümmel, Salz und Pfeffer würzen.

3 Inzwischen Buchweizenmehl, Milch, Eier, Salz und Backpulver zu einem flüssigen Crêpesteig verrühren. Den Teig in einer beschichteten Pfanne in erhitztem Olivenöl ausbacken und die fertigen Crêpes warm stellen.

4 Zum Schluss den Feta würfen, mit der Spinatmasse vermischen und die Crêpesfladen damit füllen.

BUCHWEIZEN: EIN DARMSCHMEICHLER

Buchweizen ist ein außergewöhnliches Lebensmittel: Es schmeckt wie Getreide, ist aber keines und daher auch glutenfrei. Buchweizen gehört zu den Knöterichgewächsen wie auch der Sauerampfer. Die Samen des Buchweizens sind reich an Ballaststoffen, B-Vitaminen und Magnesium – ideal für das Darmmikrobiom.

Sauerkrautstrudel

f l g

Zubereitungszeit: 50 Minuten
Teiggehzeit: 30 Minuten
Backzeit: 25 Minuten

Eine Portion enthält:
730 Kilokalorien (3040 Kilojoule), 20 g Eiweiß, 39 g Fett, 71 g Kohlenhydrate, 7 g Ballaststoffe

Zutaten für 4 Personen

- 250 g glutenfreies Mehl
- 20 g Kichererbsenmehl
- 1 Prise Salz
- 1 EL Rapsöl
- 1 Bioei
- 150 g Möhren
- 200 g Pellkartoffeln, vorgegart
- 1 Zwiebel
- 20 g laktosefreie Butter
- 100 g geräucherter Bauchspeck, gewürfelt
- 800 g Sauerkraut
- 1 Lorbeerblatt
- 2 Wacholderbeeren
- 1 TL Kümmel
- 100 ml klare Gemüsebrühe
- 1 Prise Salz
- schwarzer Pfeffer
- Traubenzucker
- 150 g Sauerrahm
- 1 Eigelb

Zubereitung

1 Die Mehle in eine Schüssel geben und in die Mitte eine Mulde drücken. Salz, Öl, das Ei und 6 EL Wasser hineingeben. Mit einer Gabel die Zutaten in der Mulde verquirlen, nach und nach das Mehl einarbeiten. Mit den Händen alles zu einem glatten Teig verkneten, dann in Frischhaltefolie wickeln und 30 Minuten ruhen lassen.

2 In der Zwischenzeit für die Füllung die Möhren waschen, putzen, schälen und raspeln. Die vorbereiteten Pellkartoffeln ohne Schale zerstampfen.

3 Die Zwiebel abziehen und in feine Würfel schneiden. Butter in einem großen Topf erhitzen, den Speck darin anbraten. Zwiebelwürfel dazugeben und glasig dünsten.

4 Sauerkraut, die Gewürze, Brühe und auch die vorbereiteten Möhrenraspeln und Kartoffeln hinzufügen. Alles gut mischen, mit Salz, Pfeffer und Zucker würzen. Krautgemüsemischung noch 15 Minuten langsam köcheln, danach auskühlen lassen.

5 Den Backofen auf 180 °C vorheizen. Strudelteig in vier Portionen teilen, auf bemehlter Fläche jeweils sehr dünn zu Vierecken ausrollen. Mit je 2 EL Sauerrahm bestreichen und die Krautgemüsemasse gleichmäßig auf den kleinen Teigflächen verteilen.

6 Teig vorsichtig einrollen und auf ein mit Backpapier ausgelegtes Backblech legen. Die Strudel jeweils mit etwas verquirltem Eigelb bestreichen und ca. 25 Minuten goldbraun backen. Heiß servieren.

Hähnchen-Süßkartoffeltopf

f l g h

Zubereitungszeit: 40 Minuten

Eine Portion enthält:
700 Kilokalorien (2940 Kilojoule), 55 g Eiweiß, 4 g Fett, 88 g Kohlenhydrate, 13 g Ballaststoffe

Zutaten für 4 Personen

800 g Hähnchenbrustfilet
1 Prise Salz
schwarzer Pfeffer
2 Zwiebeln
3 Knoblauchzehen
2 Stangen Staudensellerie
800 g Süßkartoffel
3 EL natives Olivenöl extra
1 EL Currypulver
1 TL Paprikapulver
400 g Dosentomaten, gehackt
500 ml klare Gemüsebrühe
100 g Hirsecouscous
2 EL Petersilie, gehackt

Zubereitung

1 Hähnchenbrustfilet kalt abbrausen, trocken tupfen und in mundgerechte Stücke schneiden. Mit Salz und Pfeffer würzen. Zwiebeln und Knoblauch abziehen und fein hacken. Sellerie waschen, putzen und fein hacken. Die Süßkartoffeln schälen und in mundgerechte Stücke schneiden.

2 Olivenöl in einem Topf erhitzen und das Hähnchenfleisch darin rundherum anbraten. Zwiebelwürfel, Knoblauch und Sellerie dazugeben und bei mittlerer Hitze mitbraten. Süßkartoffeln dazugeben, mit Curry und Paprika würzen und alles weitere 2 Minuten braten.

3 Gehackte Tomate und die klare Gemüsebrühe dazugeben und alles zugedeckt 25 Minuten bei kleiner Hitze köcheln lassen. Zwischendurch umrühren. Etwa 5 Minuten vor Ende der Garzeit den Couscous einstreuen und garen lassen, bis er weich ist.

4 Abschließend nach Geschmack nochmals mit Salz und Pfeffer abschmecken und den heißen Eintopf mit der gehackten Petersilie auf vier Tellern anrichten.

Schnelle Puten-Gemüse-pfanne

f l g h

Zubereitungszeit: 35 Minuten

Eine Portion enthält:
490 Kilokalorien (960 Kilojoule), 34 g Eiweiß, 10 g Fett, 17 g Kohlenhydrate, 7 g Ballaststoffe

Zutaten für 4 Personen

- 1 kleine Zwiebel
- 1 Knoblauchzehe
- 400 g Möhren
- 300 g Brokkoli
- 4 kleine Putenschnitzel, je 120 g
- 2 EL Sojaöl
- 150 ml klare Gemüsebrühe
- 200 g Mais, aus der Dose
- 3 EL laktosefreier Sauerrahm
- 1 Prise Salz
- schwarzer Pfeffer
- 4 EL Petersilie, gehackt

Zubereitung

1 Zwiebel und Knoblauchzehe schälen und fein würfeln. Möhren und Brokkoli waschen, putzen und in mundgerechte Stücke schneiden. Die Putenschnitzel unter kaltem Wasser abspülen.

2 In einer tiefen Pfanne das Öl erhitzen und die Putenschnitzel darin anbraten. Schnitzel wieder herausnehmen und warm stellen.

3 Die Zwiebel- und Knoblauchwürfel in derselben Pfanne glasig dünsten. Möhren und Brokkoli dazugeben und mit anbraten. Mit der Brühe ablöschen und das Gemüse bissfest garen.

4 Den Mais zusammen mit dem Sauerrahm abschließend in die Pfanne geben und erwärmen lassen. Alles mit Salz und Pfeffer würzen und mit Petersilie bestreuen.

5 Das Pfannengemüse auf vier Tellern verteilen, die Schnitzel jeweils darauflegen und anrichten.

Schweineschnitzelchen mit Eimütze

f l g

Zubereitungszeit: 35 Minuten

Eine Portion enthält:
500 Kilokalorien (2080 Kilojoule), 60 g Eiweiß, 26 g Fett, 8 g Kohlenhydrate, 4 g Ballaststoffe

Zutaten für 4 Personen

600 g Brokkoli
1 Prise Salz
8 Minutenschnitzel vom Schwein, je 80 g
1 TL Salz
schwarzer Pfeffer
4 EL Rapsöl
2 Stiele Thymian
80 g Schinkenwürfel
2 EL laktosefreie Butter
4 Bioeier, Größe L

Zubereitung

1 Den Backofen auf 60 °C vorheizen. Brokkoli waschen, putzen, in kleine Röschen zerteilen und in kochendem Salzwasser 5–7 Minuten bissfest garen. Danach abgießen und abtropfen lassen.

2 Schweineschnitzelchen unter fließendem Wasser abspülen, trocken tupfen und mit Salz und Pfeffer von beiden Seiten würzen.

3 2 EL Rapsöl in einer Pfanne erhitzen. Die Schnitzelchen darin von beiden Seiten 2 Minuten braten. Nach 1 Minute Thymian und das restliche Pflanzenöl zugeben. Die Pfanne beim Braten immer wieder schwenken. Das Fleisch aus der Pfanne nehmen und im Ofen warm stellen.

4 Brokkoli und Schinkenwürfel in die heiße Pfanne geben und unter gelegentlichem Rühren anbraten.

5 In einer zweiten Pfanne die Butter erhitzen und vier Spiegeleier darin braten.

6 Den Brokkoli auf vier Tellern verteilen, jeweils 2 Schnitzelchen dazulegen und 1 Spiegelei oben draufsetzen.

Geschnetzeltes mit feinem Gemüse

f l g h

Zubereitungszeit: 55 Minuten

Eine Portion enthält:
360 Kilokalorien (1490 Kilojoule), 29 g Eiweiß, 17 g Fett, 20 g Kohlenhydrate, 9 g Ballaststoffe

Zutaten für 4 Personen

- 500 g Zuckerschoten
- 1 Bund Frühlingszwiebeln
- 2 EL laktosefreie Butter
- 250 ml klare Gemüsebrühe
- 200 g Champignons
- 250 g Tomaten
- 400 g Kalbschnitzelfleisch
- 2 EL natives Olivenöl extra
- 1 Msp. Cayennepfeffer
- ½ TL Oregano
- 1 Prise Salz
- 100 g laktosefreie Crème fraîche
- 4 EL Petersilie, gehackt

Zubereitung

1 Die Zuckerschoten putzen. Die Frühlingszwiebeln waschen und sehr fein würfeln.

2 Die Butter in einem Topf zerlassen und die Frühlingszwiebeln darin andünsten. Die Zuckerschoten hinzufügen und kurz mitdünsten. Mit der Gemüsebrühe ablöschen und etwa 10 Minuten zugedeckt köcheln lassen. Danach Gemüse aus der Brühe herausnehmen und beides beiseitestellen.

3 Inzwischen die Champignons mit Küchenkrepp putzen und in Scheiben schneiden. Die Tomaten mit heißem Wasser übergießen, enthäuten, halbieren, entkernen und das Fruchtfleisch in kleine Würfel schneiden.

4 Das Fleisch kalt abspülen, trocken tupfen und in hauchdünne Streifen schneiden. Öl in eine beschichtete Pfanne geben und darin die Pilze kurz dünsten. Fleischstreifen unter Rühren dazugeben und leicht braun anbraten.

5 Das Fleisch mit der zuvor verwendeten Brühe angießen und auch die Tomatenwürfel in die Pfanne geben. Das Ganze mit Cayennepfeffer, Oregano und Salz gut abschmecken.

6 Die beiseitegestellten Zuckerschoten und Frühlingszwiebeln abschließend unterheben. Das fertige Geschnetzelte mit der Crème fraîche verfeinern und mit Petersilie bestreut servieren.

Filettopf mit Bandnudeln und Mangold

f l g h

Zubereitungszeit: 1 Stunde und 30 Minuten

Eine Portion enthält:
550 Kilokalorien (2330 Kilojoule), 42 g Eiweiß, 12 g Fett, 7 g Kohlenhydrate, 9 g Ballaststoffe

Zutaten für 4 Personen

500 g Rinderfilet
2 EL natives Olivenöl extra
4 EL Sojasauce
1 EL Maisstärke
350 g glutenfreie Bandnudeln
600 g Mangold
10 g Ingwerwurzel
1 Knoblauchzehe
½ Biolimette
250 ml Hühnerbrühe
1 Prise Salz
schwarzer Pfeffer

Zubereitung

1 Zuerst das Rinderfilet in Scheiben schneiden und mit 1 TL Öl, der Sojasauce und Maisstärke mindestens 60 Minuten marinieren. Die Nudeln nach Anweisung garen.

2 Anschließend die Mangoldblätter in breite Streifen schneiden. Ingwer und Knoblauchzehe schälen und fein hacken.

3 Das restliche Öl erhitzen und das Rinderfilet darin sehr heiß anbraten. Ingwer, Knoblauch, Mangold und die vorbereiteten Nudeln dazugeben und anschließend mit dem Saft von einer halben Biolimette ablöschen.

4 Den Filettopf mit der Hühnerbrühe angießen, einmal aufkochen und etwas reduzieren lassen. Mit Salz und Pfeffer abschmecken und heiß servieren.

MIT BUNTER RAFFINESSE: MANGOLD

Gelb, pink, rot, weiß – Mangoldstangen zeigen sich in den unterschiedlichsten Farben. Ebenso vielfältig ist der Allrounder in der Küche: ob als Gemüse, Salat, zu Fisch oder Fleisch, in der Suppe oder auf der Pizza. Nussig im Geschmack eignet sich Mangold für alle, denen Spinat zu wenig würzig im Geschmack ist, und die über eine bunte Ernährung ihre Darmtätigkeit und Fettverdauung optimal unterstützen wollen.

Scholle im Gemüsepäckchen

f l g h

Zubereitungszeit: 40 Minuten
Backzeit: 15–20 Minuten

Eine Portion enthält:
400 Kilokalorien (1690 Kilojoule), 26 g Eiweiß, 16 g Fett, 37 g Kohlenhydrate, 5 g Ballaststoffe

Zutaten für 4 Personen

800 g kleine Kartoffeln
20 Kirschtomaten
1 Biozitrone
1–2 Fenchelknollen
6 EL natives Olivenöl extra
1 Prise Salz
schwarzer Pfeffer
4 Schollenfilets, je 125 g
1 TL Meersalz
weißer Pfeffer
50 ml klare Gemüsebrühe
1 Bd. Basilikum
Außerdem:
Backpapier

Zubereitung

1 Die Kartoffeln mit der Schale etwa 20 Minuten garen.

2 Die Tomaten kreuzweise einritzen und kurz in kochend heißes Wasser geben. Die Haut abziehen, die Kerne entfernen und das Fruchtfleisch würfeln. Zitrone halbieren und auspressen. Fenchel waschen, putzen und in dünne Streifen schneiden.

3 2 EL Olivenöl in eine beschichtete Pfanne geben und den Fenchel darin leicht andünsten. Mit dem Zitronensaft beträufeln. Salzen und pfeffern.

4 Backofen auf 200 °C vorheizen. Die gekochten Kartoffeln pellen und halbieren. Die Schollenfilets kalt abbrausen und trocken tupfen. Salzen und pfeffern.

5 Danach vier Bogen Backpapier ausbreiten, jeweils in die Mitte Kartoffeln, Tomatenwürfel, Fenchelstreifen und etwas von der klaren Brühe geben.

6 Das Schollenfilet auf dem Gemüsebett mittig platzieren und mit dem restlichen Olivenöl beträufeln. Das Backpapier zu einem verschlossenen Päckchen falten. Die Päckchen auf ein Backblech legen und auf mittlerer Schiene etwa 15–20 Minuten backen.

7 Inzwischen Basilikum waschen, trocken tupfen und in Streifen schneiden. Die Päckchen auf Teller geben, aufschneiden und jeweils mit Basilikum bestreut servieren.

Sushibowl mit Lachs

f l g

Zubereitungszeit: 30 Minuten

Eine Portion enthält:
540 Kilokalorien (2260 Kilojoule), 29 g Eiweiß, 26 g Fett, 48 g Kohlenhydrate, 8 g Ballaststoffe

Zutaten für 4 Personen

- 200 g Sushireis
- 1 Prise Salz
- 400 g Lachs, aus ökologischer Aquakultur
- 100 g Friséesalat
- ½ Salatgurke
- 240 g Möhren
- 1 Avocado
- 3 EL Reisessig
- 20 g Mandeln, gehackt
- 1 TL Sesamsamen
- 1 TL Schwarzkümmel
- Sojasauce

TIPP FISCHKAUF: EINE VERTRAUENSSACHE

Für den Laien ist frischer Fisch oft schwer zu erkennen. Sagen Sie beim Einkauf, dass Sie den Fisch roh essen wollen und lassen Sie sich empfehlen, welche Ware wirklich frisch ist. Frischer Fisch riecht nicht fischig, sondern angenehm nach Meer. Das Filet sollte saftig und glänzend sein. Ein Fingerdruck sollte nicht im Fischfleisch zurückbleiben, wenn Sie ihn in die Hand nehmen. Übrigens: Die Begriffe „Sushi- oder „Sashimiqualität" sind in der EU keine gesetzlich geschützten Begriffe.

Zubereitung

1 Sushireis gründlich mit kaltem Wasser so lange spülen, bis das Wasser klar ist. Dann den Reis etwa 15 Minuten in der doppelten Menge leicht gesalzenem Wasser garen. Danach abgießen und auskühlen lassen.

2 Inzwischen den Lachs mit kaltem Wasser abspülen, trocken tupfen und in mundgerechte, kleine Würfel schneiden. Salat waschen, trocken schleudern und in mundgerechte Stückchen zupfen. Gurke waschen und in dünne Scheiben schneiden. Möhren schälen, putzen und in feine Streifen raspeln. Die Avocado entkernen, schälen und in dünne Scheiben schneiden.

3 Reisessig unter den Reis mischen und alle Zutaten gleichmäßig in vier Schalen anrichten. Mit Mandeln, Sesamsamen und Schwarzkümmel bestreuen. Dazu Sojasauce reichen. Auch Wasabi, mit der Sojasauce verrührt, passt gut zu den Zutaten dieser Bowl.

Vegane Otsubowl mit Sobanudeln

f l g h

Zubereitungszeit: 30 Minuten
Ruhezeit: 2–3 Stunden
Backzeit: 35 Minuten

Eine Portion enthält:
590 Kilokalorien (2470 Kilojoule), 23 g Eiweiß, 26 g Fett, 64 g Kohlenhydrate, 10 g Ballaststoffe

Zutaten für 4 Personen

300 g Seidentofu
1 Knoblauchzehe
6 EL Reisessig
8 EL Sojasauce
1 EL Sojaöl
2 Prisen Chiliflocken
3 EL Reisstärke
200 g Sobanudeln, japanische Buchweizennudeln
1 Prise Salz
2 EL Schwarzkümmel
1 Salatgurke
400 g Wassermelone
2 kleine Avocados
1 EL Zitronensaft
4 Frühlingszwiebeln
10 g Koriandergrün
20 g Ingwerwurzel
4 TL Reissirup
4 EL Sesamöl
¼ TL Salz
schwarzer Pfeffer
Außerdem:
Backpapier

Zubereitung

1 Tofu einwickeln und beschweren, damit der Tofu möglichst viel Wasser verliert.

2 Nach der Ruhezeit den Tofu auswickeln und in ca. 2 cm große Würfel schneiden. Knoblauch abziehen und fein hacken. Mit 2 EL Reisessig, 2 EL Sojasauce, dem Sojaöl und den Chiliflocken vermischen. Die Tofuwürfel in der Marinade wenden.

3 Den Backofen auf 180 °C vorheizen und ein Backblech mit Backpapier auslegen. Tofu abtropfen lassen und rundherum mit Reisstärke bestäuben, auf dem Backpapier verteilen und im heißen Ofen auf der mittleren Schiene etwa 35 Minuten knusprig braun backen. Zwischendurch mehrfach wenden. Inzwischen Sobanudeln nach Packungsanweisung in Salzwasser garen.

4 Schwarzkümmel in einer Pfanne ohne Fett rösten, bis er duftet, danach abkühlen. Die Gurke waschen, putzen und in etwas dickere Scheiben schneiden. Das Fruchtfleisch der Melone in kleine Stücke schneiden. Avocado halbieren, entkernen, schälen, das Fruchtfleisch klein würfeln und mit Zitronensaft beträufeln.

5 Frühlingszwiebeln waschen, putzen und in feine Ringe schneiden. Koriandergrün waschen, trocken schütteln und grob hacken.

6 Ingwer schälen und sehr fein würfeln. Mit dem restlichen Reisessig, Sojasauce, Reissirup und Sesamöl verrühren. Jetzt alle festen Zutaten auf vier Bowls anrichten. Das Ingwerdressing darüber verteilen. Mit Salz und Pfeffer abschmecken und mit dem gerösteten Schwarzkümmel bestreuen.

Lachs auf Linsengemüse

f l g h

Zubereitungszeit: 30 Minuten

Eine Portion enthält:
580 Kilokalorien (2420 Kilojoule), 45 g Eiweiß, 28 g Fett, 36 g Kohlenhydrate, 13 g Ballaststoffe

Zutaten für 4 Personen

1 Stange Lauch
300 g Möhren
200 g Kartoffeln
4 EL Rapsöl
500 ml klare Gemüsebrühe
200 g Linsen
4 Lachsfilets, je 150 g aus ökologischer Aquakultur
1 Prise Salz
weißer Pfeffer
2 EL Zitronensaft
20 g Petersilie, gehackt

Zubereitung

1 Lauch putzen, waschen und in dünne Ringe schneiden. Möhren und Kartoffeln schälen und würfeln. 2 EL Öl in einer beschichteten Pfanne erhitzen. Lauch, Möhren und Kartoffeln darin etwa 3 Minuten anbraten. Mit der Gemüsebrühe ablöschen. Linsen dazugeben und das Ganze etwa 12 Minuten langsam köcheln lassen.

2 Lachsfilet abbrausen und trocken tupfen. Salzen und pfeffern. Das restliche Öl in einer Pfanne erhitzen und den Lachs von beiden Seiten ca. 3 Minuten anbraten. Zum Schluss mit frischem Zitronensaft beträufeln.

3 Die fein gehackte Petersilie unter das Linsengemüse geben, bei Bedarf abschmecken. Das Gemüse auf vier Tellern verteilen und den Lachs darauf anrichten, sofort servieren.

Kürbis mit veganer Füllung

f l g h

Zubereitungszeit: 30 Minuten
Backzeit: 40 Minuten

Eine Portion enthält:
360 Kilokalorien (1490 Kilojoule), 9 g Eiweiß, 10 g Fett, 56 g Kohlenhydrate, 10 g Ballaststoffe

Zutaten für 4 Personen

1 Muskatkürbis, ca. 1.200 g
2 Knoblauchzehen
1 rote Chilischote
3 EL natives Olivenöl extra
200 g Risottoreis
600 ml klare Gemüsebrühe
je 1 rote und gelbe Paprikaschote
50 g Oliven, entsteint
1 Prise Salz
schwarzer Pfeffer

Zubereitung

1 Den Kürbis waschen, Deckel abschneiden und Kerne und Fasern herausholen. Das Fruchtfleisch von innen leicht einschneiden. Den Backofen auf 200 °C vorheizen.

2 Knoblauch abziehen und fein hacken. Chilischote waschen, putzen und fein würfeln. Beides im Öl andünsten. Den Risottoreis dazugeben und dünsten. Brühe angießen und unter Rühren quellen lassen.

3 Den ausgehöhlten Kürbis mit Deckel in der Zwischenzeit etwa 20 Minuten im Backofen garen.

4 Die Paprikaschoten waschen, putzen und in feine Würfel schneiden. Die Oliven grob hacken. Beides zum quellenden Reis geben und das Ganze mit Salz und Pfeffer abschmecken.

5 Dann den Kürbis aus dem Backofen nehmen und mit dem Risottoreis füllen. Den Deckel aufsetzen und weitere 20 Minuten im Backofen garen. Herausnehmen und ca. 10 Minuten abkühlen lassen.

6 Den Kürbisdeckel entfernen, den noch heißen Kürbis wie eine Torte servieren und anschneiden.

Zucchinipuffer mit weißem Dip

f l g h

Zubereitungszeit: 40 Minuten

Eine Portion enthält:
190 Kilokalorien (790 Kilojoule), 10 g Eiweiß, 8 g Fett, 0 g Kohlenhydrate, 2 g Ballaststoffe

Zutaten für 12 Puffer

400 g mittelgroße Zucchini
700 g Kartoffeln
3 Bioeier, Größe M
2 EL Maismehl
4 EL gemischte Küchenkräuter, gehackt
1 Prise Salz
schwarzer Pfeffer
etwas Muskatnuss
6 EL Rapsöl
400 g laktosefreier Quark, Magerstufe
200 g laktosefreier Naturjoghurt, 1,5 % Fett
1 Prise Salz
weißer Pfeffer

Zubereitung

1 Die Zucchini putzen, waschen und auf einer Gemüsereibe raspeln. Die Kartoffel schälen und ebenfalls raspeln.

2 Zucchini und Kartoffeln mit Eiern und Mehl verrühren. Mit Küchenkräutern, Salz, wenig Pfeffer und Muskat abschmecken.

3 Das Öl in einer beschichteten Pfanne erhitzen und darin aus der Gemüsemasse portionsweise kleine Puffer ausbacken.

4 Für den Dip Quark und Joghurt miteinander verrühren und mit Salz und Pfeffer würzen. Zu den heißen Zucchinipuffern reichen.

Asiawok mit Reisnudeln und Hühnchen

f l g h

Zubereitungszeit: 25 Minuten

Eine Portion enthält:
570 Kilokalorien (2400 Kilojoule), 41 g Eiweiß, 19 g Fett, 59 g Kohlenhydrate, 5 g Ballaststoffe

Zutaten für 4 Personen

- 300 g chinesische Reisnudeln
- ¼ TL Salz
- 500 g Hähnchenbrustfilet
- 6 Frühlingszwiebeln
- 1 rote Paprika
- 10 g Ingwerwurzel
- 6 EL Sojaöl
- 4 EL Sojasauce
- 2 EL frischer Limettensaft
- 1 Prise Salz

Zubereitung

1 Nudeln in leicht gesalzenem Wasser nach Packungsanleitung kochen.

2 Hähnchenbrust abbrausen, trockentupfen und in sehr dünne Streifen schneiden.

3 Frühlingszwiebeln waschen, putzen und in feine Ringe schneiden. Paprika waschen, putzen und in feine Streifen schneiden. Ingwer schälen und fein hacken.

4 Öl in einem Wok erhitzen, Hähnchenbrust darin anbraten und salzen. Das Gemüse hinzugeben und ebenfalls anbraten. Die abgetropften Nudeln unter die anderen Zutaten heben.

5 Den fertigen Asiawok unter Rühren fertig garen, mit Sojasauce, Limettensaft und gegebenenfalls etwas Salz abschmecken.

LEICHTE MINIGERICHTE: SUPPEN, SALATE UND AUFSTRICHE

Zucchinicremesuppe

f l g h

Zubereitungszeit: 35 Minuten

Eine Portion enthält:
160 Kilokalorien (680 Kilojoule), 5 g Eiweiß, 11 g Fett, 10 g Kohlenhydrate, 2 g Ballaststoffe

Zutaten für 4 Personen

1 Zwiebel
400 g Zucchini
2 Kartoffeln, vorwiegend festkochend
1 EL natives Olivenöl extra
1–2 EL klare Gemüsebrühe
750 ml Wasser
1 TL Kräuter der Provence
1 Prise Salz
schwarzer Pfeffer
½ Bund Basilikum
50 g laktosefreier Frischkäse, Doppelrahmstufe
4 EL laktosefreie Sahne
4 Rosmarinspitzen

Zubereitung

1 Zwiebel schälen und feinhacken. Zucchini waschen, putzen und in Scheiben schneiden. Kartoffeln schälen, waschen und würfeln.

2 Das Gemüse in heißem Olivenöl andünsten. Das Wasser zugießen und aufkochen. Die Brühe einrühren, mit Kräutern der Provence, Salz und Pfeffer würzen. Die Suppe zugedeckt ca. 20 Minuten köcheln lassen.

3 In der Zwischenzeit Basilikum waschen, in Streifen schneiden und kurz vor Ende der Garzeit zusammen mit dem Frischkäse dazugeben und mit einem Pürierstab die Suppe cremig pürieren.

4 Auf vier Suppentassen verteilen und vor dem Servieren mit Sahne und Rosmarin garnieren.

Fruchtige Tomatensuppe

f l g

Zubereitungszeit: 30 Minuten

Eine Portion enthält:
100 Kilokalorien (440 Kilojoule), 5 g Eiweiß, 6 g Fett, 7 g Kohlenhydrate, 4 g Ballaststoffe

Zutaten für 4 Personen

- 2 Knoblauchzehen
- 1 kleine Zwiebel
- 800 g sonnengereifte Tomaten
- 1 EL natives Olivenöl extra
- 20 g Tomatenmark
- 400 ml klare Gemüsebrühe
- 1 Lorbeerblatt
- 2 Thymianzweige
- 1 Prise Salz
- schwarzer Pfeffer
- Traubenzucker
- 20 g Parmesan

Zubereitung

1 Knoblauchzehe und Zwiebel schälen und fein würfeln.

2 Die Tomaten kreuzweise einritzen, mit kochendem Wasser überbrühen und nach 30 Sekunden herausnehmen. Die Tomaten häuten, von den Kernen befreien und grob würfeln.

3 Olivenöl in einem Topf erhitzen, Zwiebel und Knoblauch darin andünsten.

4 Die vorbereiteten Tomaten, Tomatenmark Gemüsebrühe, Lorbeerblatt und Thymianzweige hinzufügen und alles 15 Minuten köcheln lassen.

5 Danach das Lorbeerblatt und die Thymianzweige entfernen. Die Suppe mit einem Pürierstab pürieren, bis die gewünschte Konsistenz erreicht ist. Mit Salz, Pfeffer und Zucker abschmecken.

6 Auf vier Suppentassen verteilen und vor dem Servieren jeweils etwas gehobelten Parmesan darübergeben. Dazu passt glutenfreies Baguettebrot.

Italienische Antipasti misti

f l g

Zubereitungszeit: 1 Stunde und 10 Minuten
Marinierzeit: 4 Stunden

Eine Portion enthält:
270 Kilokalorien (1120 Kilojoule), 8 g Eiweiß, 24 g Fett, 5 g Kohlenhydrate, 3 g Ballaststoffe

Zutaten für 4 Personen

100 g weiße Bohnen, aus dem Glas
1 Knoblauchzehe
7 EL natives Olivenöl extra
2 EL Balsamicoessig
1 Prise Salz
schwarzer Pfeffer
1 Zucchini, ca. 125 g
je 1 kleine rote und gelbe Paprikaschote
2 Schalotten
1 EL Zitronensaft, frisch gepresst
½ TL Oregano, getrocknet
50 g schwarze Oliven, entsteint
50 g Parmaschinken, geschnitten
50 g italienische Salami, geschnitten

Zubereitung

1 Die Bohnen auf ein Küchensieb abtropfen lassen.

2 Knoblauchzehe abziehen, 1 EL Olivenöl mit 1 EL Balsamico verquirlen und unter die Bohnen mischen. Den Knoblauch durch eine Knoblauchpressedrücken, dazugeben und alles mit Salz und Pfeffer würzen.

3 Die Bohnen zugedeckt beiseitestellen und mindestens 4 Stunden marinieren lassen.

4 Inzwischen Zucchini waschen, putzen und in fingerdicke Stifte schneiden. Die Paprikaschoten waschen, putzen und in Streifen schneiden. Die Schalotten abziehen und fein hacken. Dann 1 EL Olivenöl in einer Pfanne erhitzen, die Schalotten und Zucchini darin hellbraun braten.

5 Den Zitronensaft mit 1,5 EL Olivenöl und dem Oregano in einer Tasse verquirlen. Die Zucchini aus der Pfanne nehmen, etwas abtropfen lassen und mit der Ölmischung verrühren.

6 Nun 1,5 EL Olivenöl in die Pfanne geben und die Paprikastreifen darin kräftig braten. Anschließend herausnehmen, etwas abkühlen lassen und die Häutchen abziehen.
1 EL Balsamico mit weiteren 2 EL Olivenöl verquirlen und die Paprikastreifen daruntermischen.

7 Die Oliven abtropfen lassen.

8 Bohnen, das vorbereitete marinierte Gemüse und die Oliven auf vier großen Vorspeisentellern anrichten und jeweils 1–2 Scheiben Parmaschinken und Salami dazugeben.

Spargel-Tomaten-Salat

f l g

Zubereitungszeit: 30 Minuten
Durchziehzeit: 1 Stunde

Eine Portion enthält:
160 Kilokalorien (660 Kilojoule), 5 g Eiweiß, 12 g Fett, 6 g Kohlenhydrate, 4 g Ballaststoffe

Zutaten für 4 Personen

2 EL Pinienkerne
400 g weißer Spargel
1 Prise Salz
1 Prise Zucker
1 Msp. laktosefreie Butter
600 g Fleischtomaten
40 g Petersilie, glatt
2 EL Weißweinessig
4 EL natives Olivenöl extra
2 EL Basilikumpesto
3 EL Zitronensaft, frisch gepresst
¼ TL Salz
schwarzer Pfeffer

TIPP FÜR DIE BALLASTSTOFFZUFUHR

Nicht nur Getreide liefert wertvolle Ballaststoffe, die den Darm pflegen. Auch Gemüse und Hülsenfrüchte tragen dazu bei. Hülsenfrüchte liefern sogar mehr Ballaststoffe als jedes andere Gemüse: Eine Handvoll Bohnenkerne machen bereits 20 Prozent des empfohlenen Tagesbedarfs aus.

Zubereitung

1 Die Pinienkerne in einer Pfanne ohne Fett rösten und auskühlen lassen.

2 Den Spargel waschen und mit einem Sparschäler schälen. Holzige Enden abschneiden und erneut waschen. Den Spargel in leicht gesalzenes, kochendes Wasser geben. Eine Prise Zucker und eine Messerspitze Butter mit in das Kochwasser geben. In 10 bis 12 Minuten bissfest garen. Danach den Spargel aus dem Wasser nehmen, abtropfen lassen und schräg in etwa 4 cm lange Stücke schneiden.

3 Die Tomaten über Kreuz einschneiden, mit kochendem Wasser für etwa 30 Sekunden überbrühen, abschrecken und anschließend enthäuten. Die Tomaten vom Strunk und den Kernen befreien und das Tomatenfleisch in Würfel schneiden.

4 Die Petersilie waschen, trocken schütteln und die Blätter von den Stielen zupfen.

5 Aus Essig, Olivenöl, Pesto und Zitronensaft in einer großen Salatschüssel eine Marinade herstellen. Mit Salz und Pfeffer abschmecken.

6 Die Spargelstücke, Tomatenwürfel und Petersilienblättchen zur Marinade geben und alles vorsichtig vermengen.

7 Auf vier Salattellern anrichten und mit den Pinienkernen bestreuen.

Linsen-Möhren-Salat

f l g h

Zubereitungszeit: 25 Minuten
Marinierzeit: 4 Stunden

Eine Portion enthält:
300 Kilokalorien (1230 Kilojoule), 12 g Eiweiß, 18 g Fett, 20 g Kohlenhydrate, 8 g Ballaststoffe

Zutaten für 4 Personen

- 120 g Berglinsen
- 300 g Möhren
- 2 Stangen Staudensellerie
- 6 EL natives Olivenöl extra
- 1 Prise Salz
- weißer Pfeffer
- 1 rote Zwiebel
- 4 Stängel Petersilie, glatt
- 200 g laktosefreier Mozzarella
- 5 EL Weinessig
- ¼ TL Salz
- 1 Prise Cayennepfeffer
- ½ EL Zucker

Zubereitung

1 Die Linsen waschen, bissfest in der doppelten Menge Wasser garen und abgießen.

2 Möhren und Sellerie putzen, waschen und würfeln. Etwas Olivenöl in einer Pfanne erhitzen und die Gemüsewürfel darin 5 Minuten dünsten. Mit Salz und Pfeffer würzen.

3 Die Zwiebel schälen, sehr fein würfeln. Petersilie waschen, trocken schütteln und fein hacken.

4 Mozzarella in feine Würfel schneiden.

5 Für das Dressing das restliche Olivenöl, Essig, Salz, Pfeffer und Zucker in einer Schüssel verrühren. Alle weiteren vorbereiteten Zutaten dazugeben, gut durchmischen und bei Bedarf nochmals abschmecken. Den fertigen Salat vor dem Genuss 60 Minuten durchziehen lassen.

TIPP FÜR DIE ESSIGAUSWAHL

Oft werde ich gefragt, ob Essig eine Histaminquelle ist und beim Leaky Gut Beschwerden machen kann. Bei industriell hergestelltem Essig kann ich Sie da beruhigen, er ist in der Regel gut verträglich und enthält kein bis nur sehr wenig Histamin. Sollten Sie traditionell hergestellten Essig aus einer kleinen Manufaktur verwenden, kann dieser jedoch mitunter sehr viel Histamin enthalten.

Quinoasalat

f l g

Zubereitungszeit: 25 Minuten
Durchziehzeit: 12 Stunden

Eine Portion enthält:
600 Kilokalorien (2510 Kilojoule), 26 g Eiweiß, 40 g Fett, 35 g Kohlenhydrate, 9 g Ballaststoffe

Zutaten für 4 Personen

- 160 g Quinoa
- 300 ml klare Gemüsebrühe
- 400g Möhren
- 200 g Champignons
- ½ Bund Petersilie, glatt
- ½ Bund Frühlingszwiebeln
- 200 g Emmentaler
- 6 EL natives Olivenöl extra
- 4 EL Zitronensaft, frisch gepresst
- 1 Prise Salz
- weißer Pfeffer
- 4 EL Kürbiskerne

Zubereitung

1 Quinoa in der Gemüsebrühe nach Packungsanleitung garen.

2 Die Möhren schälen, waschen und in feine Würfel schneiden. Die Champignons mit Küchenkrepp putzen und in feine Scheibchen schneiden.

3 Petersilie und Frühlingszwiebeln waschen und fein hacken, den Käse in kleine Würfel schneiden.

4 Jetzt in einer Pfanne 1 EL Olivenöl erhitzen, Möhren und Champignons darin anbraten.

5 Das restliche Öl mit Zitronensaft, Salz und Pfeffer zu einem Dressing aufschlagen. Alle vorbereiteten Zutaten dazugeben, vermengen und am besten über Nacht im Kühlschrank durchziehen lassen.

6 Die Kürbiskerne kurz vor dem Servieren über den Salat streuen.

Hirsebulgursalat mit Granatapfel

f l g h

Zubereitungszeit: 35 Minuten

Eine Portion enthält:
290 Kilokalorien (1210 Kilojoule), 6 g Eiweiß, 11 g Fett, 40 g Kohlenhydrate, 4 g Ballaststoffe

Zutaten für 4 Personen

- 150 g Hirsebulgur
- 1 Prise Salz
- 3 EL Sesamsamen
- 1 kleine Salatgurke
- 1 rote Zwiebel
- 40 g Petersilie, glatt
- 2 Granatäpfel
- 3 EL natives Olivenöl extra
- ½ Biozitrone
- 1 TL Reissirup
- ¼ TL Salz

Zubereitung

1 Bulgur in leicht gesalzenem Wasser aufkochen, zugedeckt bei schwacher Hitze 10 Minuten quellen lassen. In der Zwischenzeit Sesamsamen in einer Pfanne ohne Öl rösten.

2 Salatgurke waschen, halbieren und entkernen und in kleine Würfel schneiden.

3 Zwiebel schälen und fein hacken. Petersilie waschen, trocken schleudern und fein hacken.

4 Von den Granatäpfeln die Kerne herauslösen, Saft dabei auffangen.

5 Aus Olivenöl, Zitronensaft und dem aufgefangenen Granatapfelsalat ein Dressing rühren. Mit dem Reissirup und Salz abschmecken.

6 Alle Salatzutaten mit dem Dressing in eine Schüssel geben, gut durchmischen und servieren.

Rucolasalat mit Tomaten

f l g

Zubereitungszeit: 20 Minuten

Eine Portion enthält:
300 Kilokalorien (1270 Kilojoule), 13 g Eiweiß, 26 g Fett, 5 g Kohlenhydrate, 3g Ballaststoffe

Zutaten für 4 Personen

- 80 g getrocknete Tomaten, in Öl
- 150 g laktosefreier Bergkäse
- 250 g Cocktailtomaten
- 160 g Rucola
- 4 EL natives Olivenöl extra
- 2 EL Weißweinessig
- 1 Prise Salz
- schwarzer Pfeffer

Zubereitung

1 Die eingelegten Tomaten in einem Küchensieb abtropfen lassen, dann in feine Streifen schneiden. Wer Histamin nicht gut verträgt, sollte statt getrockneter Tomaten besser frische Tomaten verwenden.

2 Bergkäse fein würfeln. Cocktailtomaten waschen und halbieren. Rucola putzen, waschen und trocken schleudern. Alle vorbereiteten Zutaten in eine Schüssel geben.

3 Aus Olivenöl, Essig, Salz und Pfeffer ein Dressing herstellen und unter den Salat heben.

Weißkohl-Möhren-Salat

f l g

Zubereitungszeit: 25 Minuten
Durchziehzeit: min. 24 Stunden

Eine Portion enthält:
150 Kilokalorien (630 Kilojoule), 2 g Eiweiß, 10 g Fett, 12 g Kohlenhydrate, 6 g Ballaststoffe

Zutaten für 4 Personen

- 1 Stange Staudensellerie
- 200 g Möhren
- 400 g Weißkohl
- 20 g Reissirup
- 40 ml Rapsöl
- 60 ml Weißweinessig
- 1 TL Salz
- weißer Pfeffer
- 1 Msp. Kümmel, gemahlen

Zubereitung

1 Das Gemüse waschen, putzen, Sellerie in sehr kleine Würfel schneiden, die Möhren und den Weißkohl über eine Gemüsereibe hobeln. Alles in eine verschließbare Salatschüssel geben.

2 Reissirup mit dem Rapsöl und dem Essig unter Rühren aufkochen. Mit Salz, Pfeffer und Kümmel würzen. Die Marinade noch heiß über das Gemüse geben und vorsichtig unterheben. Mit einem Deckel verschlossen an einem kühlen Ort für mindestens 24 Stunden durchziehen lassen.

3 Vor dem Servieren nochmals gut vermengen und bei Bedarf abschmecken.

Grüner Bohnensalat

f l g

Zubereitungszeit: 25 Minuten
Durchziehzeit: min. 1 Stunde

Eine Portion enthält:
270 Kilokalorien (1110 Kilojoule), 9 g Eiweiß, 21 g Fett, 10 g Kohlenhydrate, 5 g Ballaststoffe

Zutaten für 4 Personen

- 600 g Prinzessbohnen
- 1 kleine Zwiebel
- 16 Walnusshälften
- 80 g Speckwürfel
- 4 EL natives Olivenöl extra
- 4 EL Apfelessig
- 80 ml klare Gemüsebrühe
- 1 Prise Salz
- schwarzer Pfeffer

Zubereitung

1 Die Bohnen putzen, waschen und bissfest garen.

2 Zwiebel abziehen und fein hacken. Walnusshälften hacken.

3 Die Zwiebeln mit dem Speck in Öl anbraten. Mit Essig und der klaren Gemüsebrühe ablöschen und mit Salz und Pfeffer würzen.

4 Die noch heiße Marinade mit den Bohnen in einer Schüssel vermengen und vor dem Genuss zugedeckt mindestens 60 Minuten durchziehen lassen. Danach bei Bedarf nochmals abschmecken, den Salat auf vier Tellern verteilen und mit den Walnüssen bestreut servieren.

Kirchererbsensalat „Trikolore“

f l g

Zubereitungszeit: ca. 20 Min.

Eine Portion enthält:
260 Kilokalorien (1050 Kilojoule), 12 g Eiweiß, 12 g Fett, 10 g Kohlenhydrate, 6 g Ballaststoffe

Zutaten für 4 Personen

- 400 g Kichererbsen (aus dem Glas)
- 300 g Cocktailtomaten
- 150 g Feldsalat
- 4 EL Apfelessig
- 2 EL Senf
- 4 EL Olivenöl
- Salz
- Pfeffer
- Paprika, edelsüß
- Kreuzkümmel

Zubereitung

1 Die Kichererbsen auf einem Sieb abgießen, waschen und abtropfen lassen. Die Tomaten waschen, halbieren, Stielansatz entfernen. Den Feldsalat waschen, trockenschleudern und putzen. Alle Salatzutaten in eine Schüssel geben.

2 Für das Dressing Apfelessig, Senf und Öl aufschlagen. Mit Salz, Pfeffer, Paprika und Kreuzkümmel würzen. Das Dressing unter die Salatzutaten mischen und auf vier Salatschälchen verteilen.

Erdnussdip

f l g

Zubereitungszeit: 40 Minuten

Eine Portion enthält:
300 Kilokalorien (1250 Kilojoule), 10 g Eiweiß, 25 g Fett, 8 g Kohlenhydrate, 4 g Ballaststoffe

Zutaten für 4 Personen

2 Schalotten
2 Knoblauchzehen
10 g Ingwerwurzel
2 Chilischoten, getrocknet
120 g geröstete Erdnüsse, ungesalzen
½ TL Koriandersamen
½ TL Kreuzkümmel
1 TL Currypulver
1 EL Reissirup
2 EL Sojasauce
2 EL Rapsöl
100 ml ungesüßte Kokosmilch, aus der Dose
1 Prise Salz
2–3 EL Zitronensaft, frisch gepresst

Zubereitung

1 Die Schalotten, den Knoblauch und die Ingwerwurzel jeweils schälen und grob hacken.

2 Die Chilischoten aufschneiden, die Kerne entfernen und die Schale zerbröseln.

3 Alle vorbereiteten Zutaten mit den Erdnüssen, allen Gewürzen, dem Reissirup, der Sojasauce und 2 EL Wasser in einen Mixer oder Blitzhacker geben und gut pürieren.

4 In einem Topf das Öl erhitzen. Die pürierte Paste darin kurz andünsten und mit der Kokosmilch ablöschen. Kurz aufkochen lassen und ohne Deckel bei schwacher Hitze unter Rühren 10 Minuten einkochen lassen, bis der Erdnussdip eine dickliche Konsistenz hat.

5 Abkühlen lassen und nach Belieben mit Salz und Zitronensaft abschmecken.

Dieser Dip passt gut zu kurz gebratenem Fleisch oder Grillfleisch. Persönlich ist er mein Lieblingsdip zu den knackigen Rohkoströllchen mit Reisnudeln.

Tomatenketchup

f l g

Zubereitungszeit: 40 Minuten

Eine Flasche enthält:
440 Kilokalorien (1850 Kilojoule), 9 g Eiweiß, 22 g Fett, 50 g Kohlenhydrate, 11 g Ballaststoffe

Zutaten für 500 ml

3 Zwiebeln
2 Knoblauchzehen
700 g vollreife Tomaten
2 EL natives Olivenöl extra
3 EL Reissirup
1 Msp. Chilipulver
1 TL Paprika, edelsüß
weißer Pfeffer
1 TL Salz

TIPP FÜR KETCHUPLIEBHABER

Tomatenketchup gehört in jede Küche, doch ist der Zuckergehalt in industriell hergestelltem Ketchup sehr hoch und macht bei einem Leaky Gut schnell Probleme. Selbstgemachter Tomatenketchup punktet demgegenüber mit seiner geringen Zuckermenge. Außerdem schmeckt er nie gleich und hat eine persönliche Note. Für Grillgerichte können Sie auch eine Chilischote mit verarbeiten. Leider hält der selbstgemachte Ketchup nur wenige Tage im Kühlschrank. Alternativ können Sie ihn auch in Eiswürfelbehältnisse füllen und einfrieren.

Zubereitung

1 Zwiebeln und Knoblauch schälen und fein würfeln.

2 Die Tomaten kreuzweise einritzen, mit kochendem Wasser für 30 Sekunden überbrühen und abschrecken. Danach die Tomaten häuten und grob würfeln.

3 Olivenöl in einem Topf erhitzen, Zwiebeln und Knoblauchwürfel darin andünsten.

4 Reissirup dazugeben und unter Rühren die Zwiebeln mit dem Knoblauch karamellisieren lassen, bevor Sie die Tomaten und alle Gewürze hinzufügen.

5 Die Masse 15 Minuten köcheln lassen und dann mit einem Pürierstab fein pürieren.

6 Bei Bedarf nochmals abschmecken und abkühlen lassen.

Sie können den Ketchup als Dip verwenden oder z. B. zu Hauptgerichten mit Kartoffeln oder Fleisch reichen.

Kichererbsenaufstrich

f l g

Zubereitungszeit: 40 Minuten
Durchziehzeit: min. 1 Stunde

Ein Glas enthält:
480 Kilokalorien (2010 Kilojoule), 21 g Eiweiß, 17 g Fett, 60 g Kohlenhydrate , 13 g Ballaststoffe

Zutaten für 300 ml

- 250 g Kichererbsen, aus dem Glas
- 1 große Zwiebel
- 1 Knoblauchzehe
- 80 g Tomate
- 1 EL natives Olivenöl extra
- 1 TL Reissirup
- 1 TL klare Gemüsebrühe
- weißer Pfeffer
- 1 Prise Salz

Zubereitung

1 Die Kichererbsen abgießen. Zwiebel und Knoblauchzehe abziehen und fein hacken. Die Tomaten waschen und würfeln.

2 Olivenöl erhitzen, Zwiebel- und Knoblauchwürfel andünsten. Reissirup Gemüsebrühe und Tomatenwürfel dazugeben und weich kochen.

3 Kichererbsen in einen Mixer oder eine hohe Schüssel geben. Die Tomatenmischung hinzufügen und alles zu einer glatten Paste pürieren. Mit Salz und Pfeffer abschmecken.

4 Bevor Sie den Aufstrich auf Toast und Brot oder auch zu Gemüsegerichten genießen, bitte im Kühlschrank mindestens 60 Minuten durchziehen lassen.

Bärlauchbutter

f l g h

Zubereitungszeit: 20 Minuten
Kühlzeit: 1 Stunde

Eine Portion (20 g) enthält:
150 Kilokalorien (620 Kilojoule), 0 g Eiweiß, 17 g Fett, 0 g Kohlenhydrate, 0g Ballaststoffe

Zutaten für 1 Schraubglas

- 40 g Bärlauch
- 1 Biozitrone
- 250 g laktosefreie Butter
- 1 TL Salz
- weißer Pfeffer

Außerdem:

- 1 Schraubglas, 300 ml Volumen

Zubereitung

1 Bärlauch waschen, putzen, gründlich trocken schütteln und fein hacken.

2 Die Zitrone heiß abwaschen, trocknen und die Schale abreiben.

3 Die Butter in einer Schüssel mit dem Schneebesen des Handmixers schaumig schlagen. Bärlauch und Zitronenschale dazugeben und gut verrühren. Mit Salz und Pfeffer würzen.

4 Die fertige Butter in das Schraubglas füllen und mindestens 60 Minuten im Kühlschrank abkühlen lassen. Die Butter hält sich 14 Tage, Sie können sie alternativ portionsweise einfrieren.

RAFFINIERTE BACKIDEEN: BROT, KUCHEN UND KEKSE

Haferflocken-Bananen-Brot

f l g h

Zubereitungszeit: 50 Minuten
Backzeit: 45 Minuten

Eine Portion enthält:
240 Kilokalorien (990 Kilojoule), 14 g Eiweiß, 5 g Fett, 33 g Kohlenhydrate, 5 g Ballaststoffe

Zutaten für 1 Brot (ca. 10 Scheiben)

200 g Bananen
450 g glutenfreie Haferflocken, blütenzart
2 Pkg. Backpulver
½ TL Salz
3 Bioeier
250 g laktosefreier Skyr
250 g laktosefreier Quark, Magerstufe
Außerdem:
1 Kastenform, 12 x 20 cm

Zubereitung

1 Die Bananen schälen und pürieren.

2 Die Haferflocken mit dem Backpulver und dem Salz vermengen.

3 Den Backofen auf 180 °C vorheizen und die Form mit Backpapier auslegen.

4 Die Eier verquirlen, Skyr und Quark einrühren, dann die Bananen unterrühren. Zum Schluss die Haferflocken untermengen.

5 Den Teig in die Kastenform gießen und das Ganze auf mittlerer Schiene etwa 45 Minuten backen. Danach herausnehmen und noch ein wenig in der Kastenform belassen, bevor Sie die Form stürzen.

Fladenbrot aus Kichererbsenmehl

f l g h

Zubereitungszeit: 20 Minuten
Teiggehzeit: 2 Stunden
Backzeit: 25 Minuten

Eine Portion enthält:
300 Kilokalorien (1240 Kilojoule), 17 g Eiweiß, 8 g Fett, 38 g Kohlenhydrate, 9 g Ballaststoffe

Zutaten für 6 Personen

450 g Kichererbsenmehl
½ TL Salz
450 ml Wasser
1 Pkg. Trockenhefe
1 TL natives Olivenöl extra
2 EL Sesamsamen

Zubereitung

1 Kichererbsenmehl mit etwas Salz in einer Schüssel vermischen. Das Wasser und die Trockenhefe hinzufügen, miteinander vermischen und zu einem glatten Teig verkneten.

2 Den Teig abgedeckt 2 Stunden an einem warmen Ort ruhen lassen.

3 Den Backofen auf 220 °C Ober- und Unterhitze vorheizen.

4 Den Kichererbsenteig zu einem Fladen formen, auf ein mit Backpapier ausgelegtes Backblech legen und gitterförmig einschneiden. Mit Olivenöl bestreichen und mit Sesamsamen bestreuen.

5 Etwa 25 Minuten auf mittlerer Schiene backen. Danach das Fladenbrot herausnehmen, etwas abkühlen lassen und noch warm genießen.

Low Carb Nussbrot

f l g

Zubereitungszeit: 25 Minuten
Teiggehzeit: 15 Minuten
Backzeit: 50 Minuten

Eine Portion enthält:
140 Kilokalorien (580 Kilojoule), 8 g Eiweiß, 10 g Fett, 3 g Kohlenhydrate, 2 g Ballaststoffe

Zutaten für 1 Brot (ca. 10 Scheiben)

- 3 Bioeier
- 200 g laktosefreier Quark, 20 % Fett
- 50 ml Wasser
- 50 g Leinsamenmehl
- 40 g Flohsamenschalen, gemahlen
- 50 g Haselnüsse, geröstet und gehackt
- 30 g Walnussmehl
- 20 g Sonnenblumenkerne
- 1 Pkg. Backpulver
- 1 TL Salz
- 2 EL Chiasamen

Zubereitung

1 Den Backofen auf 200 °C Ober- und Unterhitze vorheizen.

2 Die Eier verquirlen und mit dem Quark sowie Wasser glatt rühren.

3 Alle weiteren Zutaten ebenfalls zugeben und alles verkneten, bis ein homogener Teig entsteht. Den Teig 15 Minuten ruhen lassen.

4 Nach der Gehzeit den Teig zu einem länglichen Laib formen und an der Oberfläche mit einem Messer mehrfach schräg einschneiden.

5 Auf ein mit Backpapier ausgelegtes Blech legen und auf mittlerer Schiene 50 Minuten backen.

Vor dem Anschneiden komplett abkühlen lassen.

NOVEL FOOD IM TREND

Wie Leinsamen gehört der Chiasamen zu den gesundheitsfördernden Ölsaaten. Mit seiner Nährstoffpower gehört er zu den sogenannten Novel Foods, den neuartigen Lebensmitteln. Da er einen sehr hohen Ballaststoffanteil hat und über enormes Quellvermögen verfügt, sollten jedoch insgesamt nicht mehr als 15 g in den täglichen Speisen enthalten sein.

Low Carb Sonnenblumen-brot

f l g h

Zubereitungszeit: 10 Minuten
Teiggehzeit: 10 Minuten
Backzeit: 40 Minuten

Eine Portion enthält:
120 Kilokalorien (490 Kilojoule), 12 g Eiweiß, 5 g Fett, 6 g Kohlenhydrate, 2 g Ballaststoffe

Zutaten für 1 Brot (ca. 10 Scheiben)

50 g Sonnenblumenkerne
50 g Leinsamen, geschrotet
50 g Haferkleie
50 g Eiweißpulver, neutral
1 TL Backpulver
1 TL Salz
2 Bioeier, Größe M
250 g Quark, Magerstufe

Zubereitung

1 Den Backofen auf 200 °C Ober- und Unterhitze vorheizen.

2 Alle trockenen Zutaten einschließlich Backpulver und Salz vermengen. Die Eier und den Quark dazugeben und alles zu einem glatten Teig kneten. Den Teig 10 Minuten ruhen lassen.

3 Einen Brotlaib formen und mittig auf ein mit Backpapier ausgelegtes Backblech geben. Im vorgeheizten Backofen auf mittlerer Schiene etwa 40 Minuten backen.

Double-Chocolate-Muffin

f l g

Zubereitungszeit: 35 Minuten
Backzeit: 20–25 Minuten

Eine Portion enthält:
230 Kilokalorien (950 Kilojoule), 3 g Eiweiß, 13 g Fett, 24 g Kohlenhydrate, 1 g Ballaststoffe

Zutaten für 12 Stück

125 g laktosefreie Butter
100 g Traubenzucker
1 Pkg. Vanillezucker
1 Prise Salz
3 Bioeier
125 g glutenfreie Mehlmischung, auf Maisbasis
4 EL Kakaopulver
½ Pkg. Backpulver
50 ml laktosefreie Milch
100 g laktosefreie Schokostreusel

Außerdem:
1 Muffinblech für 12 Muffins
12 Papierförmchen

Zubereitung

1 Den Backofen auf 180 °C vorheizen.

2 Butter, Traubenzucker, Vanillezucker und Salz mit dem Handrührgerät schaumig rühren.

3 Die Eier hinzufügen und so lange rühren, bis eine dickliche, cremige Masse entsteht.

4 Portionsweise das Mehl und alle restlichen Zutaten einschließlich der Schokostreusel dazugeben und alles gut verrühren, sodass ein homogener Teig entsteht.

5 Ein Muffinblech mit Papierförmchen bestücken und den Teig in die Förmchen füllen.

6 Etwa 20–25 Minuten backen und danach auf einem Kuchengitter auskühlen lassen.

Schokobrownies

f l g

Zubereitungszeit: 35 Minuten
Backzeit: 20 Minuten

Eine Portion enthält:
200 Kilokalorien (850 Kilojoule), 2 g Eiweiß, 10 g Fett, 27 g Kohlenhydrate, 2 g Ballaststoffe

Zutaten für 16 Stück

½ Vanilleschote
140 g Reismehl
100 g Maismehl
100 g Maisstärke
3 g Johannisbrotkernmehl
35 g Zucker
25 g Backkakao
10 g Backpulver
2 g Natron
½ TL Zimt, gemahlen
1 Prise Salz
80 g Zartbitterschokolade
125 ml Reissirup
125 ml Rapsöl
155 ml Wasser
Außerdem:
1 Backform, 20 x 20 cm

TIPP AUS OMAS KÜCHE: NATRON

Natron ist ein Salz, das vielseitig in der Küche Verwendung findet. Nicht nur zum Backen, sondern auch zum Kochen: Gibt man eine Prise Natron ins Kochwasser von grünem Gemüse, bleibt die Farbe des Gemüses kräftiger. Das weiße, geruchlose Pulver wird bereits seit Jahrtausenden in vielen Kulturen geschätzt. Schon im antiken Griechenland wurde Natron bei Sodbrennen eingesetzt.

Zubereitung

1 Den Backofen auf 170 °C Ober- und Unterhitze vorheizen und die Backform mit Backpapier auslegen.

2 Die Vanilleschote längs halbieren und das Mark herauskratzen.

3 Alle trockenen Zutaten abmessen und in einer großen Schüssel mischen: Reismehl, Maismehl, Maisstärke, Johannisbrotkernmehl, Zucker, Kakaopulver, Backpulver, Natron, Zimt und Salz. Das Vanillemark untermischen.

4 Die Zartbitterschokolade auf dem Küchenbrett hacken und die Hälfte zu den trockenen Zutaten geben.

5 Jetzt Reissirup, Öl und 155 ml kochendes Wasser gründlich verrühren. Anschließend zu den trockenen Zutaten in die Schüssel geben und alles zu einem geschmeidigen Teig verrühren.

6 Teig in die vorbereitete Form geben, glatt streichen und mit der restlichen Schokolade bestreuen. Auf mittlerer Schiene etwa 20 Minuten backen.

7 Abkühlen lassen und die Masse in Quadrate schneiden. Die fertigen Brownies sollten innen noch saftig sein.

Zucchini-Muffinbrötchen

f l g h

Zubereitungszeit: 40 Minuten
Teiggehzeit und Backzeit: je 20 Minuten

Eine Portion enthält:
130 Kilokalorien (530 Kilojoule), 4 g Eiweiß, 5 g Fett, 16 g Kohlenhydrate, 3 g Ballaststoffe

Zutaten für 6 Stück

120 g Zucchini
1 EL natives Olivenöl extra
50 g Kastanienmehl
50 g Reismehl
20 g Kartoffelmehl
½ Pkg. Trockenhefe
1 Prise Zucker
½ TL Salz
20 g Leinsamen, geschrotet
1 Msp. Schabziger Klee
1 Bioei
2 EL Sesamsamen
Außerdem:
1 Muffinblech für 6 Muffins

Zubereitung

1 Zucchini waschen, putzen und fein würfeln. Die Würfel in Olivenöl von allen Seiten goldgelb anbraten und anschließend pürieren.

2 Die Mehle mischen. Trockenhefe, Zucker, Salz, Leinsamen und Schabziger Klee dazugeben. Das Ei und die vorbereiteten Zucchini unter die Mehlmischung kneten, sodass ein homogener Teig entsteht. Diesen an einem warmen Ort 20–30 Minuten ruhen lassen.

3 Backofen auf 180 °C vorheizen. Den aufgegangenen Teig in sechs gleichgroße Stücke teilen und Brötchen formen. Die Brötchen mit lauwarmem Wasser anfeuchten und in den Sesamsamen wälzen.

4 Je eine Teigportion in eine Mulde des Muffinblechs setzen und etwa 20 Minuten backen.

Saftige Nussschnecken

f l g

Zubereitungszeit: 50 Minuten
Teiggehzeit: 1 Stunde und 20 Minuten
Backzeit: 20 Minuten

Eine Portion enthält:
620 Kilokalorien (2600 Kilojoule), 24 g Eiweiß, 34 g Fett, 70 g Kohlenhydrate, 4 g Ballaststoffe

Zutaten für 10 Stück

- 240 ml laktosefreie Milch
- 80 g laktosefreie Butter
- 500 g glutenfreie Mehlmischung, z. B. aus Reis-, Hirse- und Maismehl
- 100 g Traubenzucker
- 1 Prise Salz
- 1 Pkg. Trockenhefe
- 1 Bioei
- 200 g Haselnüsse, gemahlen
- 100 g Walnüsse, gehackt
- 150 g Traubenzucker
- 200 ml laktosefreie Sahne
- 1 Prise Zimt, gemahlen

Zubereitung

1 Die Milch zusammen mit der Butter in einem Topf erwärmen und danach lauwarm abkühlen lassen.

2 Das Mehl in eine Schüssel sieben, den Traubenzucker mit der Prise Salz dazugeben.

3 In der Mitte der Mehlmischung eine Mulde formen. Dort die Hefe und die lauwarme Buttermischung mit dem Ei zunächst mit den Knethaken des Handrührgerätes verarbeiten. Anschließend mit den Händen weiter kneten. Sollte der Teig kleben, noch etwas Mehl dazugeben. Danach die Schüssel mit einem feuchten Küchentuch bedeckt an einem warmen Ort 1 Stunde gehen lassen.

4 Für die Nussmasse Haselnüsse, Walnüsse und Traubenzucker in eine Schüssel geben und mit einem Löffel gut verrühren. Zimt untermischen.

5 Den Hefeteig auf einer bemehlten Arbeitsplatte noch einmal kräftig durchkneten und ca. 1,5 cm dick zu einem breiten Rechteck ausrollen. Die Nussmasse gleichmäßig darauf verteilen.

6 Ab der schmalen Seite beginnend wird der Teig jetzt zu einem Laib aufgerollt und danach in zehn gleich dicke Scheiben geschnitten. Ein Backblech mit Backpapier auslegen und die Nussschnecken darauflegen.

7 Nochmals 20 Minuten gehen lassen und in dieser Zeit den Backofen auf 200 °C vorheizen.

8 Die Nussschnecken mit der Sahne bepinseln und auf der mittleren Schiene 20 Minuten backen.

Fluffiger Käsekuchen

f l g h

Zubereitungszeit: 40 Minuten
Teiggehzeit: 1 Stunde
Backzeit: 45 Minuten

Eine Portion enthält:
420 Kilokalorien (1740 Kilojoule), 17 g Eiweiß, 22 g Fett, 37 g Kohlenhydrate, 3 g Ballaststoffe

Zutaten für 8 Stück

150 g laktosefreie Butter
4 Bioeier
3 EL Wasser
200 g Buchweizenmehl
50 g Mandeln, gemahlen
½ Vanilleschote
500 g laktosefreier Quark, Magerstufe
3 EL Maisstärke
130 g Reissirup
Außerdem:
1 Springform, 18 cm Durchmesser

Zubereitung

1 Butter, 1 Ei, Wasser, das Buchweizenmehl und die gemahlenen Mandeln mit dem Handrührgerät zu einem glatten Teig verkneten. Für etwa 60 Minuten im Kühlschrank ruhen lassen.

2 In der Zwischenzeit die Vanilleschote längs aufschlitzen und das Mark herauskratzen.

3 Den Backofen auf 180 °C vorheizen. Die Springform einfetten und mit Mehl bestäuben.

4 Das Vanillemark zusammen mit dem Magerquark, der Maisstärke und dem Reissirup sowie den restlichen 3 Eiern zu einer homogenen Masse verrühren.

5 Den Mürbeteig aus dem Kühlschrank nehmen, nochmals durchkneten und den Boden der Springform damit auskleiden. Dabei flach andrücken und an den Seiten etwas nach oben streichen.

6 Die Käsekuchenmasse auf dem Teig verteilen und etwa 45 Minuten auf mittlerer Schiene backen.

Karamellisierter Apfelkuchen

l g

Zubereitungszeit: 35 Minuten
Backzeit: 42 Minuten

Eine Portion enthält:
390 Kilokalorien (1650 Kilojoule), 5 g Eiweiß, 23 g Fett, 43 g Kohlenhydrate, 4 g Ballaststoffe

Zutaten für 16 Stück

150 g Buchweizenmehl
150 g Maismehl
150 g Mandeln, gemahlen
1 Vanilleschote
200 g brauner Zucker
1 Prise Salz
330 g laktosefreie Butter
1,5 kg Äpfel, z. B. Boskop
50 g Traubenzucker
½ Biozitrone
1 TL Zimt, gemahlen

Außerdem:
1 Springform, 24 x 24 cm

Zubereitung

1 Den Backofen auf 180 °C vorheizen. Die Springform einfetten und mit Mehl bestäuben.

2 Die Vanilleschote längs aufschlitzen und das Mark herauskratzen.

3 Buchweizenmehl, Maismehl, Mandeln, Vanillemark, 150 g Zucker und 1 Prise Salz in einer Schüssel mischen. 300 g Butter in Stückchen dazugeben und den Teig erst mit den Knethaken des Rührgeräts, dann mit den Händen zu einem geschmeidigen Streuselteig verkneten.

4 Mit der Hälfte des Teiges die Form auskleiden, leicht zu einem Boden drücken und dabei rundherum einen Rand hochziehen.

5 Im vorgeheizten Ofen etwa 12 Minuten backen, herausnehmen und abkühlen lassen.

6 Inzwischen die Äpfel waschen, schälen, entkernen und in 2 cm große Würfel schneiden.

7 Restliche Butter in einer Pfanne schmelzen. Den verbliebenen Zucker und den Traubenzucker unterrühren und leicht karamellisieren. Die Zitrone auspressen.

8 Die Apfelwürfel, Zitronensaft und Zimt untermischen und bei mittlerer Hitze unter Rühren dünsten.

9 Jetzt die karamellisierten Äpfel auf dem abgekühlten Streuselboden verteilen und den restlichen Streuselteig darüber verteilen. Im Backofen weitere 30 Minuten backen. Herausnehmen und vor dem Genuss in der Form abkühlen lassen.

Mohnkuchen

l g

Zubereitungszeit: 25 Minuten
Backzeit: 1 Stunde

Eine Portion enthält:
200 Kilokalorien (820 Kilojoule), 6 g Eiweiß, 15 g Fett, 10 g Kohlenhydrate, 3 g Ballaststoffe

Zutaten für 20 Stück

150 g laktosefreie Butter
170 g Zucker
5 Bioeier
1 Prise Salz
125 g Mandeln, gemahlen
200 g Mohnsamen, ganz oder gemahlen
Außerdem:
1 Kuchenform, 28 x 30 cm

Zubereitung

1 Den Backofen auf 180 °C vorheizen.

2 Butter mit dem 150 g Zucker schaumig schlagen.

3 Die Eier trennen und die Eigelbe nach und nach zu der Buttermasse geben. So lange weiter rühren, bis die Masse cremig ist.

4 Die Eiweiße mit einer Prise Salz steif schlagen, den restlichen Zucker dazugeben und weiter schlagen.

5 Mandeln und Mohn mit einem Teigschaber vorsichtig unter die Buttermasse heben. Danach den Eischnee unterziehen.

6 Die Kuchenform mit Backpapier auslegen. Den Teig einfüllen und auf der untersten Schiene des Backofens etwa 60 Minuten backen.

7 Herausnehmen, in der Form abkühlen lassen und vorsichtig stürzen.

Zitronen-Joghurt-Torte

f l g h

Zubereitungszeit: 1,5 Stunde
Backzeit: 18 Minuten Kühlzeit: 80 Minuten

Eine Portion enthält:
220 Kilokalorien (910 Kilojoule), 4 g Eiweiß, 13 g Fett, 22 g Kohlenhydrate, 1 g Ballaststoffe

Zutaten für 12 Stück

Für den Tortenboden:
20 g Maismehl
40 g Reismehl
20 g Kichererbsenmehl
25 g Kartoffelmehl
60 g Puderzucker
40 g Kokosflocken
1 Prise Salz
70 g laktosefreie Butter
1 Eigelb

Für die Füllung:
6 Blatt Gelatine
500 g laktosefreier Naturjoghurt, 3,5 % Fett
60 g Traubenzucker
125 g laktosefreie Sahne, 30 % Fett
1 Beutel klares Tortengusspulver, für 250 ml Flüssigkeit
125 ml Zitronensaft, frisch gepresst
125 ml Orangensaft, frisch gepresst
2 EL Reissirup

Außerdem:
1 Springform, 24 cm Durchmesser
Zitronenmelisse zum Garnieren

Zubereitung

1 Die Mehle miteinander vermischen. Puderzucker, Kokosflocken und Salz untermengen.

2 Die Butter in Flöckchen und das Eigelb dazugeben. Alle Zutaten zu einem glatten Teig kneten.

3 Den Backofen auf 200 °C vorheizen. Die Springform mit Backpapier auslegen und den Teig gleichmäßig darin verteilen, etwas andrücken. Mit einer Gabel mehrmals einstechen und 18 Minuten auf mittlerer Schiene backen.

4 Den fertigen Tortenboden auskühlen lassen, auf eine Tortenplatte legen und einen Tortenring herumlegen.

5 Die Gelatineblätter in kaltem Wasser einweichen und quellen lassen. Dann mit wenig Wasser unter Rühren leicht erwärmen, sodass sich die Gelatine auflöst.

6 Den Joghurt mit dem Traubenzucker verrühren und die Gelatine langsam unter die Joghurtmasse rühren. Dabei dürfen keine Klümpchen entstehen. Das Ganze etwa 20 Minuten kalt stellen.

7 In der Zwischenzeit die Sahne steif schlagen. Joghurtmasse aus dem Kühlschrank nehmen und Sahne unterheben. Die Joghurtcreme auf dem vorbereiteten Tortenboden verteilen und nochmals für 60 Minuten kalt stellen.

8 Zum Schluss das Tortengusspulver zusammen mit dem Zitronen- und Orangensaft sowie Reissirup in einem kleinen Topf unter Rühren aufkochen. Die Torte aus der Kühlung nehmen, mit einem Esslöffel den fertigen Tortenguss gleichmäßig auf der Joghurtmasse verteilen und fest werden lassen. Nach Belieben die Torte mit Zitronenmelisse garnieren.

Möhrenbiskuitrolle mit Frischkäse

f l g h

Zubereitungszeit: 1,5 Stunden
Backzeit: 12 Minuten

Eine Portion enthält:
250 Kilokalorien (1030 Kilojoule), 5 g Eiweiß, 13 g Fett, 28 g Kohlenhydrate, 1 g Ballaststoffe

Zutaten für 12 Stück

Für den Biskuit:
125 g Möhren
100 g Maismehl
¼ TL Zimt, gemahlen
25 g Maisstärke
1 TL Backpulver
5 Bioeier
150 g Zucker

Für die Füllung:
200 ml laktosefreie Sahne
30 g Puderzucker
40 g Traubenzucker
1 TL Vanillezucker
150 g laktosefreier Frischkäse, Doppelrahm

Außerdem:
1 sauberes Geschirrtuch
Zucker zum Bestreuen
Puderzucker zum Garnieren
Marzipanmöhren zum Garnieren

Zubereitung

1 Den Backofen auf 200 °C Ober- und Unterhitze vorheizen. Ein Backblech mit Backpapier auslegen.

2 Die Möhren sehr fein reiben. Mehl, Zimt, Stärke und Backpulver vermengen.

3 Die Eier trennen. Eiweiße mit dem Schneebesen des Handmixers oder in der Küchenmaschine steif schlagen. Dabei langsam den Zucker einrieseln lassen und rühren, bis der Eischnee wirklich fest ist.

4 Die Eigelbe verquirlen und mit den Möhren zum Eischnee geben, dabei nur kurz unterheben.

5 Die Mehle mit einem Kochlöffel unterheben und den Teig gleichmäßig auf dem vorbereiteten Blech glatt streichen. Im vorgeheizten Backofen 12 Minuten backen.

6 Unterdessen ein Geschirrtuch gleichmäßig mit Zucker bestreuen. Den Biskuit kopfüber auf das Tuch stürzen und das Backpapier vorsichtig abziehen.

7 Den Biskuit sofort von der langen Seite mit dem Geschirrtuch aufrollen und auskühlen lassen.

8 Für die Füllung die Sahne sehr steif schlagen, dabei Puder-, Trauben- und Vanillezucker einrieseln lassen. Den Frischkäse in einer Schüssel cremig rühren und die Sahne unter den Frischkäse heben.

9 Die Biskuitrolle vorsichtig entrollen. Die Frischkäsecreme bis auf einen kleinen Rand auf den Boden geben vorsichtig mit der Käsemasse einrollen.

10 Vor dem Servieren die Enden der Rolle gerade abschneiden, mit Puderzucker und Marzipanmöhren nach Belieben verzieren.

Zimtsterne

l g

Zubereitungszeit: 1 Stunde
Backzeit: 30 Minuten

Eine Portion enthält:
80 Kilokalorien (320 Kilojoule), 2 g Eiweiß, 4 g Fett, 7 g Kohlenhydrate, 1 g Ballaststoffe

Zutaten für 45 Stück

3 Eiweiße
300 g Puderzucker
1 Pkg. Vanillezucker
1 TL Zimt, gemahlen
1 EL Kirschwasser
350 g Mandeln, gemahlen
Außerdem:
Mandeln zum Ausrollen
Stern-Plätzchenausstecher

Zubereitung

1 Das Eiweiß mit dem Rührbesen des Handrührgeräts auf höchster Stufe steif schlagen. Den gesiebten Puderzucker nach und nach langsam einrieseln lassen.

2 Von der Masse ein Drittel abnehmen, Vanillezucker, Zimt, Kirschwasser und die Hälfte der Mandeln vorsichtig unterkneten. Von den restlichen Mandeln so viel unterkneten, bis der Teig kaum noch klebt.

3 Den Backofen auf 130 °C vorheizen.

4 Den Teig auf einer mit Mandeln bestreuten Arbeitsfläche etwa 0,5 cm dick ausrollen und mit dem Plätzchenausstecher Sterne ausstechen.

5 Auf ein mit Backpapier ausgelegtes Backblech legen und mit dem restlichen Eischnee bestreichen.

6 Im vorgeheizten Ofen auf mittlerer Schiene etwa 30 Minuten backen.

7 Das Gebäck sollte sich beim Herausnehmen auf der Unterseite noch etwas weich anfühlen. Nach dem Backen auf einem Kuchengitter auskühlen lassen.

Haselnusskugeln

f l g

Zubereitungszeit: 1 Stunde
Backzeit: 25–30 Minuten

Eine Portion enthält:
90 Kilokalorien (390 Kilojoule), 2 g Eiweiß, 7 g Fett, 6 g Kohlenhydrate, 1 g Ballaststoffe

Zutaten für 30 Stück

- 30 Haselnusskerne
- 180 g Maismehl
- 80 g Haselnüsse, gemahlen
- 1 TL Lebkuchengewürz
- 40 g Reissirup
- 80 g laktosefreie Butter
- 1 Bioei
- 60 g Zartbitterkuvertüre
- 5 EL Haselnüsse, gehackt

Zubereitung

1 Die Haselnusskerne in einer beschichteten Pfanne ohne Fett rösten.

2 Maismehl, gemahlene Haselnüsse und Lebkuchengewürz miteinander vermengen.

3 Reissirup, Butter und Ei unter die Mehlmischung kneten und zu einer Rolle formen.

4 Den Backofen auf 180° C vorheizen.

5 Aus der Teigrolle 30 Scheiben schneiden und mittig auf jeder Teigscheibe eine platzieren. Jeweils zu einer Kugel formen, sodass die Haselnuss komplett umhüllt ist.

6 Die Teigkugeln auf ein mit Backpapier ausgelegtes Blech setzen und 25–30 Minuten backen. Inzwischen die Kuvertüre im Wasserbad schmelzen.

7 Nach dem Backen die ausgekühlten Haselnusskugeln mit der Kuvertüre bestreichen und danach in den gehackten Haselnüssen wälzen. Die Kugeln auf einem Kuchengitter trocknen lassen.

Hübsch verpackt sind die Haselnusskugeln auch eine schmackhafte Geschenkidee.

Müsliriegel mit Schokoüberzug

f l g

Zubereitungszeit: 40 Minuten
Backzeit: 25 Minuten

Eine Portion enthält:
140 Kilokalorien (590 Kilojoule), 3 g Eiweiß, 6 g Fett, 17 g Kohlenhydrate, 2 g Ballaststoffe

Zutaten für 15 Stück

- 80 g Orangeat
- 1 Bioei
- 1 Prise Salz
- 100 g Reissirup
- 70 g Sojaflocken
- 70 g Hirseflocken
- 100 g Mandeln, gehackt
- 20 g Kokosflocken
- 50 g Haselnüsse, gehackt
- ¼ TL Kardamom, gemahlen
- 60 g Zartbitterschokoglasur

Zubereitung

1 Den Backofen auf 180 °C vorheizen. Ein Backblech mit Backpapier auslegen.

2 Das Orangeat fein hacken. Ei, Salz und Reissirup schaumig schlagen. Esslöffelweise die Soja- und die Hirseflocken unterrühren. Mandeln, Kokosflocken, Haselnüsse und Kardamom unterheben.

3 Die Masse mithilfe eines Nudelholzes und einer Klarsichtfolie etwa 1,5 cm dick auf der Hälfte des Backbleches verteilen und fest andrücken. 25 Minuten auf mittlerer Schiene backen.

4 Die Teigplatte noch warm in 14 gleich große Riegel schneiden und auf einem Kuchengitter auskühlen lassen. Die Schokoladenglasur schmelzen und die Riegel abschließend damit bestreichen.

TIPP GETREIDEFLOCKEN

Wussten Sie, dass Getreideflocken gequetschte Körner sind? Wenn Sie Flocken so sehr lieben wie ich, dann sollten Sie überlegen, sich einen Flocker beziehungsweise eine Getreidequetsche anzuschaffen, um selbst frische Flocken herzustellen. Frisch geflockt enthalten Flocken genauso viele gute Inhaltstoffe wie das ganze Korn. Der Geschmack ist authentischer und auch Ihrem Leaky Gut tun Sie etwas Gutes.

Haferflockenrauten

f l g

Zubereitungszeit: 40 Minuten
Backzeit: 20 Minuten

Ein Stück enthält:
50 Kilokalorien (220 Kilojoule), 1 g Eiweiß, 2 g Fett, 7 g Kohlenhydrate, 4 g Ballaststoffe

Zutaten für 40 Stück

100 g laktosefreie Butter
150 g Reissirup
1 Prise Salz
180 g glutenfreie Haferflocken, blütenzart
1 TL Backpulver
1 Msp. Nelken
¼ TL Zimt, gemahlen
1 Eiweiß
50 g Zartbitterkuvertüre

Zubereitung

1 Butter, Reissirup und Salz schaumig rühren. Den Backofen auf 180 °C vorheizen.

2 Die Haferflocken mit dem Backpulver und den Gewürzen mischen und unter die Buttermasse rühren.

3 Das Eiweiß steif schlagen und darunterziehen. Anschließend die Masse gut 1 cm dick auf ein mit Backpapier ausgelegtes Blech streichen und auf der mittleren Schiene etwa 20 Minuten backen.

4 Erkalten lassen und in gleich große Rauten schneiden.

5 Die Kuvertüre im warmen Wasserbad schmelzen und je eine Ecke der Raute eintunken. Die fertigen Haferflockenrauten auf einem Kuchengitter trocknen lassen.

Belgische Waffeln

f l g h

Zubereitungszeit: 1 Stunde

Eine Portion enthält:
270 Kilokalorien (1130 Kilojoule), 6 g Eiweiß, 9 g Fett, 42 g Kohlenhydrate, 2 g Ballaststoffe

Zutaten für 8 Stück

50 g laktosefreie Butter
3 Bioeier
100 g Reissirup
1 Pkg. Vanillezucker
100 g Reismehl
100 g Maismehl
100 g Kartoffelmehl
6 g Flohsamenschalen, fein gemahlen
3 gestrichene TL Weinsteinbackpulver
1 Prise Salz
200 ml laktosefreie Milch
Außerdem:
1 Waffeleisen

Zubereitung

1 Die Butter mit den Eiern, dem Reissirup und Vanillezucker schaumig schlagen.

2 Die Mehle, Flohsamenschalen sowie Backpulver und Salz miteinander mischen, abwechselnd mit der Milch portionsweise unter die Eiermasse rühren.

3 Das Waffeleisen vorheizen und einfetten. Die Waffeln goldgelb backen und noch warm servieren.

Mandeltaler

f l g

Zubereitungszeit: 1 Stunde
Kühlzeit: 1 Stunde Backzeit: 25 Minuten

Ein Stück enthält::
80 Kilokalorien (320 Kilojoule), 2 g Eiweiß, 6 g Fett, 5 g Kohlenhydrate, 1 g Ballaststoffe

Zutaten für 30 Stück

- 80 g Zartbitterschokolade
- 100 g Maismehl
- 100 g Kartoffelmehl
- 200 g Mandeln, gemahlen
- 100 g brauner Zucker
- 1 TL Zimt, gemahlen
- 1 Msp. Nelkenpulver
- 175 g laktosefreie Butter
- 1 Bioei, Größe M
- 2 Eigelbe
- 50 g Puderzucker

Zubereitung

1 Die Schokolade fein reiben. Maismehl, Kartoffelmehl und die gemahlenen Mandeln in einer Schüssel vermengen. Die vorbereitete Schokolade, Zucker und die Gewürze untermischen.

2 Die Butter in Stücke schneiden und mit dem Ei zu der Mehlmischung in die Schüssel geben. Alle Zutaten zu einem geschmeidigen Teig verkneten.

3 Danach die Teigmasse zu einer Kugel formen, mit Klarsichtfolie einwickeln und für etwa 60 Minuten in den Kühlschrank stellen.

4 Den Backofen auf 160 °C vorheizen. Mit bemehlten Händen aus dem Teig eine 4 cm dicke Rolle formen und davon je 0,5 cm dicke Scheiben abschneiden.

5 Ein Backblech mit Backpapier auslegen. Die Taler darauf verteilen.

6 Für die Glasur die Eigelbe mit dem Puderzucker schaumig rühren und die Taler damit bestreichen. Dann auf mittlerer Schiene etwa 25 Minuten backen.

7 Auf einem Kuchengitter auskühlen lassen und genießen.

Kleiner Nussguglhupf

f l g

Zubereitungszeit: 25 Minuten
Backzeit: 45 Minuten

Eine Portion enthält:
230 Kilokalorien (970 Kilojoule), 3 g Eiweiß, 16 g Fett, 20 g Kohlenhydrate, 1 g Ballaststoffe

Zutaten für 12 Stück

2 Bioeier
100 ml Rapsöl
2 EL Wasser
100 g Reissirup
1 TL Zimt, gemahlen
1 Prise Salz
50 g Reismehl
50 g Kartoffelmehl
100 g Haselnüsse, gemahlen
40 g Schokoraspel
½ TL Backpulver
50 g Puderzucker
2 EL Zitronensaft
Außerdem:
1 Guglhupfform, 18 cm Durchmesser
Kartoffelmehl für die Form

Zubereitung

1 Die Eier trennen. Eiweiße steif schlagen. Die Eigelbe mit Rapsöl, Wasser, Reissirup, Zimt, und Salz zu einer schaumigen Masse schlagen.

2 Reismehl, Kartoffelmehl, die Haselnüsse, die Schokolade und das Backpulver vermischen und esslöffelweise unter die Eiermasse rühren. Den Eischnee zum Schluss unterheben.

3 Den Backofen auf 180 °C vorheizen. Eine kleine Guglhupfform einfetten und mit Kartoffelmehl ausstreuen. Den Teig in die Form füllen und 45 Minuten backen.

4 Den Kuchen in der Form etwas abkühlen lassen und aus der Form stürzen. Für die Glasur den Puderzucker mit dem Zitronensaft verrühren und damit den noch warmen Kuchen bestreichen.

GESUND VERFÜHRT: DESSERTS UND SÜSSE KÖSTLICHKEITEN

Erdbeer-Rhabarber-Grütze

f l g

Zubereitungszeit: 40 Minuten

Eine Portion enthält:
100 Kilokalorien (420 Kilojoule), 1 g Eiweiß, 0 g Fett, 21 g Kohlenhydrate, 4 g Ballaststoffe

Zutaten für 4 Personen

250 g Rhabarber
4 EL Reissirup
400 g Erdbeeren
2 EL Zitronensaft, frisch gepresst
1 Vanilleschote
250 ml Wasser
2 EL Maisstärke

Zubereitung

1 Rhabarber waschen, in 3 cm lange Stücke schneiden und mit 2 EL Reissirup vermengen.

2 Während der Rhabarbersaft zieht, die Erdbeeren waschen, putzen und je nach Größe halbieren oder vierteln. Zusammen mit dem übrigen Sirup und dem frischen Zitronensaft vermengen.

3 Die Vanilleschote längs halbieren und das Mark herauskratzen. Zusammen mit dem Wasser zum Rhabarber geben und das Ganze etwa 5 Minuten weichkochen, bis der Rhabarber zerfällt.

4 Die Stärke mit etwas kaltem Wasser verrühren, unter ständigem Rühren zum Rhabarber geben und einmal aufkochen, damit das Ganze andickt. Dann die Erdbeeren untermischen.

5 Die Grütze auf vier Gläser verteilen und vor dem Servieren im Kühlschrank fest werden lassen. Dazu schmeckt vegane Vanillecreme oder laktosefreier Vanillejoghurt.

Himbeertiramisu im Glas

f l g h

Zubereitungszeit: 40 Minuten

Eine Portion enthält:
490 Kilokalorien (2040 Kilojoule), 6 g Eiweiß, 34 g Fett, 37 g Kohlenhydrate, 4 g Ballaststoffe

Zutaten für 6 Personen

- 8 glutenfreie Kekse, ohne Schokolade
- 2 EL Haselnüsse, gehackt
- 200 ml laktosefreie Sahne, 30 % Fett
- 250 g laktosefreier Mascarpone
- 200 g laktosefreier Naturjoghurt, 1,5 % Fett
- 70 g Puderzucker
- 30 g Traubenzucker
- 400 g Himbeeren
- 2 EL Zitronensaft, frisch gepresst
- 2 EL Himbeergeist, nach Belieben

Zubereitung

1 Die Kekse zusammen mit den Nüssen in einen Küchenzerkleinerer geben und krümelig hacken.

2 Die Sahne steif schlagen. Aus Mascarpone, Joghurt, Traubenzucker und Puderzucker eine homogene Masse rühren. Die Sahne unter die Masse heben.

3 Die Himbeeren waschen und trocken tupfen. Die Hälfte der Beerenfrüchte mit einer Gabel zerdrücken und mit dem Zitronensaft und dem Himbeergeist mischen.

4 Das Dessert gleichmäßig verteilt in sechs Gläser einschichten: Dabei zuerst Keksnusskrümel in die Gläser streuen, dann die Hälfte der Mascarponemasse darauf verteilen. Jetzt die zerdrückten Himbeeren einschichten und die restliche Mascarponemasse darauf geben.

5 Abschließend mit den verbliebenen frischen Früchten garniert servieren.

TIPP MASCARPONE

Mascarpone ist ein milder cremiger Doppelrahmfrischkäse und kommt ursprünglich aus Italien. Sie kennen ihn sicher als klassische Zutat für ein Tiramisu und weitere Süßspeisen. Doch auch pikante Saucen, Dips oder Dressings können Sie mit Mascarpone verfeinern. Aufgrund seines hohen Fett- und Eiweißgehaltes wird er auch beim Leaky Gut gut vertragen.

Orangen-Heidelbeer-Salat

f l g h

Zubereitungszeit: 1 Stunde

Eine Portion enthält:
110 Kilokalorien (470 Kilojoule), 3 g Eiweiß, 2 g Fett, 19 g Kohlenhydrate, 6 g Ballaststoffe

Zutaten für 4 Personen

- 2 Bioorangen
- 2 Blutorangen
- 200 g Heidelbeeren
- 1 EL Reissirup
- 2 TL Mandeln, gehackt

Zubereitung

1 Die Ober- und Unterseite der Orangen mit dem Messer gerade abschneiden. Die Früchte auf ein Brett stellen und die Seiten dick abschneiden, sodass nur noch eine kleine Orangenkugel ohne weiße Haut übrigbleibt. Mit einem scharfen Messer die Fruchtfilets ohne Haut aus den Trennwänden lösen – dabei nicht zu tief schneiden. Den Saft in einem tiefen Teller auffangen.

2 Die Fruchtfilets mit dem aufgefangenen Saft in eine Schüssel geben. Die Heidelbeeren waschen, verlesen und zu den Orangenfilets geben. Das Ganze mit Reissirup abschmecken.

3 Die Mandeln in einer beschichteten Pfanne ohne Fett rösten. Kurz vor dem Servieren den Obstsalat mit den Mandeln bestreuen.

Vegane Avocado-Schokocreme

f l g

Zubereitungszeit: 45 Minuten
Kühlzeit: 12 Stunden

Eine Portion enthält:
300 Kilokalorien (1250 Kilojoule), 9 g Eiweiß, 17 g Fett, 28 g Kohlenhydrate, 6 g Ballaststoffe

Zutaten für 4 Personen

- 100 g Zartbitterschokolade
- 1 reife Avocado
- 4 TL Backkakao
- 8 EL Reissirup
- 1 Msp. Kardamom
- 4 Eiweiße
- 1 Prise Salz

Zubereitung

1 Die Schokolade grob hacken und im heißen Wasserbad oder in der Mikrowelle schmelzen.

2 Das Avocadofleisch aus der Schale lösen. Zusammen mit dem Kakao, dem Reissirup und dem Kardamom pürieren. Dann die flüssige Schokolade unter die Masse rühren.

3 Die Eiweiße mit einer Prise Salz steif schlagen und unter die Schokocreme heben.

4 Die fertige Creme in vier Dessertgläser füllen und über Nacht in den Kühlschrank stellen.

Erdbeer-Nektarinen-Salat

f l g

Zubereitungszeit: 20 Minuten
Marinierzeit: 1 Stunde

Eine Portion enthält:
180 Kilokalorien (730 Kilojoule), 5 g Eiweiß, 7 g Fett, 22 g Kohlenhydrate, 3 g Ballaststoffe

Zutaten für 4 Personen

250 g Erdbeeren
2 Nektarinen
1 Bioorange
4 EL Reissirup
40 g Pinienkerne
150 g laktosefreier Naturjoghurt, 1,5 % Fett

Zubereitung

1 Zuerst 4 schöne Erdbeeren beiseitelegen, die restlichen Früchte waschen, putzen und längs halbieren. Die Nektarinen waschen, halbieren, Stein herauslösen. Das Fruchtfleisch in Würfel schneiden.

2 Die Orange heiß abwaschen und abtrocknen. Die Schale fein abreiben und den Saft auspressen. Beides mit 2 Esslöffeln Reissirup verquirlen und über das Obst träufeln. Die Früchte zugedeckt etwa 60 Minuten im Kühlschrank marinieren.

3 Die Pinienkerne in einer beschichteten Pfanne ohne Fett goldbraun rösten. Bis auf einen Esslöffel alle Kerne mit dem Joghurt in ein hohes Gefäß geben und pürieren. Mit dem restlichen Reissirup abschmecken.

4 Erdbeer-Nektarinen-Salat aus dem Kühlschrank nehmen, die Pinienkernsauce darübergeben und mit den zurückbehaltenen Erdbeeren und Pinienkernen dekorieren.

TIPP ZUM SÜSSEN GLÜCK: MARZIPAN

Der Erdbeer-Nektarinen-Salat schmeckt auch mit einer Marzipansauce ausgezeichnet. Ja, auch diese geliebte Süßigkeit darf hin und wieder einmal sein. Dafür 50 g Marzipanrohmasse weich kneten und mit 2 EL Reissirup sowie 150 ml laktosefreier Sahne glatt rühren.

Gebratene Banane in Orangensauce

f l g h

Zubereitungszeit: 45 Minuten

Eine Portion enthält:
180 Kilokalorien (770 Kilojoule), 2 g Eiweiß, 8 g Fett, 25 g Kohlenhydrate, 2 g Ballaststoffe

Zutaten für 4 Personen

- 2 EL laktosefreie Butter
- 2 EL Reissirup
- 1 Orange, frisch gepresst
- 4 grüne Bananen
- 1 Msp. Zimt, gemahlen
- 2 EL Walnüsse, gehackt

Zubereitung

1 Butter in einer Pfanne zerlassen. Reissirup und Orangensaft dazugeben, unter Rühren kurz köcheln.

2 Die Bananen längs halbieren, in die Pfanne geben und etwa 2 Minuten darin von allen Seiten braten.

3 Die Bananenhälften auf vier Desserttellern anrichten, mit Zimt würzen und mit Walnüssen bestreuen. Wer mag, isst dazu eine Kugel laktosefreies Vanilleeis.

Joghurt mit Mandarinen

f l g h

Zubereitungszeit: 40 Minuten

Eine Portion enthält:
130 Kilokalorien (530 Kilojoule), 5 g Eiweiß, 5 g Fett, 14 g Kohlenhydrate, 1 g Ballaststoffe

Zutaten für 4 Personen

- 4 Mandarinen
- 500 g laktosefreier Naturjoghurt, 1,5 % Fett
- ¼ TL Spekulatiusgewürz
- Mandarinenspalten zum Garnieren
- Zitronenmelisse zum Garnieren

Zubereitung

1 Die Mandarinen schälen und in ihre Segmente zerteilen, diese einmal quer halbieren. Zusammen mit dem Joghurt und dem Spekulatiusgewürz verrühren und auf vier Gläser verteilen.

2 Vor dem Servieren mit Mandarinenspalten und Zitronenmelisse garnieren.

Schokoeis

f l g

Zubereitungszeit: 45 Minuten

Eine Portion enthält:
390 Kilokalorien (1620 Kilojoule), 6 g Eiweiß, 24 g Fett, 38 g Kohlenhydrate, 2 g Ballaststoffe

Zutaten für 4 Personen

120 g Traubenzucker
20 g Backkakao
2 Eigelbe
150 ml laktosefreie Milch
30 g Zartbitterschokolade
200 g laktosefreie Sahne, 30 % Fett

Zubereitung

1 Traubenzucker mit dem Kakao vermengen. Die Eigelbe und die Milch mit dem Handrührgerät schaumig schlagen.

2 Kakaozuckergemisch in die Eiermasse einrieseln lassen und dabei gründlich rühren, sodass eine homogene Masse entsteht.

3 Die Sahne steif schlagen und unter die Eismasse heben. Die Schokolade hacken und die Schokostückchen ebenfalls dazugeben.

4 Die Masse in eine Eismaschine geben und rühren, bis das Schokoeis cremig fest ist.

TIPP FÜR EIS OHNE EISMASCHINE

Sollten Sie keine Eismaschine haben, geben Sie das Eis in ein dichtes Behältnis und stellen es in den Gefrierschrank. Alle 10 Minuten sollten Sie die Eismasse mit einem Schneebesen aufschlagen, bis das Eis die richtige Konsistenz hat. Sie brauchen hier schon etwas Geduld, denn es können dafür mindestens 4 Stunden vergehen.

Rezeptregister

RAFFINIERTE BACKIDEEN: BROT, KUCHEN UND KEKSE

GESUND VERFUHRT: DESSERTS UND SüSSE KOSTLICHKEITEN

Was tun, wenn es im Bauch rumort?

- Alle wissenschaftlich belegten und bewährten Maßnahmen aus konventioneller und alternativer Medizin in einem Ratgeber
- Für alle, die die Behandlung bei ihrem Arzt aktiv und mit nebenwirkungsfreien Alternativen unterstützen möchten

Dr. Andrea Flemmer

Ich helfe mir selbst – Verdauungs- und Darmbeschwerden

160 Seiten, Softcover
15,5 x 21,0 cm
ISBN 978-3-8426-2986-8
€ 19,99 (D) / € 20,60 (A)

Der Ratgeber ist auch als eBook erhältlich.

humboldt
...bringt es auf den Punkt.

Bibliografische Information der Deutschen Nationalbibliothek
Die Deutsche Nationalbibliothek verzeichnet diese Publikation in der deutschen Nationalbibliografie; detaillierte bibliografische Daten sind im Internet über http://dnb.ddb.de/ abrufbar.

ISBN 978-3-8426-3142-7 (Print)
ISBN 978-3-8426-3143-4 (PDF)
ISBN 978-3-8426-3144-1(EPUB)

Fotos:
Titelmotiv: beats_ - stock.adobe.com
Stock.adobe.com: sewcream: 6/7; GraphicsRF: 10; designua: 21; iuliiawhite: 43; ximich_natali: 48/49; Igor Valentinovich: 76/77; Vladislav Noseek: 79; samael334: 81; cook_inspire: 85; Oksana_S: 89; Svetlana Kolpakova: 91; Sea Wave: 93; HLPhoto: 95; agneskantaruk: 97; Tommaso Lizzul: 101; vaaseenaa: 103; Yulia Furman: 113; strannik_fox: 117; anna_shepulova: 119; hansgeel: 121; Lumixera: 123; Vladislav Noseek: 133; Tucky: 135; annapustynnikova: 139, 169; Stephanie Jud: 141; marylooo: 145; A_Lein: 149; beats_: 151; Mi.Ti.: 155; Yevgeniya Shal: 157; Iryna Melnyk: 159;OLIVER stockphoto: 163; Corinna Gissemann: 167, 173; Jason: 175
Seite 13: obs/CGC Cramer-Gesundheits-Consulting GmbH/© Thomas Weidner

Originalausgabe

Die Ratgebermarke der Schlütersche Fachmedien GmbH
Hans-Böckler-Allee 7, 30173 Hannover
www.humboldt.de
www.schluetersche.de

Lektorat: Pepe Peschel, die redaktion für medienkommunikation, München
Layout: Groothuis, Lohfert, Consorten, Hamburg
Covergestaltung: Die Feder, Konzeption vor dem Druck GmbH, Wetzlar
Satz: Die Feder, Konzeption vor dem Druck GmbH, Wetzlar
Druck und Bindung: Gutenberg Beuys Feindruckerei GmbH, Langenhagen